こどもの哲学教室

実践編

【編・著】
大谷智光
山田奈津美

東京図書出版

こどもの哲学教室　実践編

もくじ

第三章 ベテランとよばれるようになった自分の経験と向き合うことで生まれる気持ちのゆらぎ

すきなあそび

前書きにかえて

こんにちは。この本の企画発起人代表者兼編著者のひとりの山田です。この後お読みいただく文章の中に点々と名前が出てくる山田です。大人からの呼び名は「ファシリテーターの山田さん」「講師の山田さん」「山田先生」ただの「山田さん」など様々で統一されていませんが、子どもたちはみんな一様に「やまださーん！」と呼びかけてくれます。私自身、この呼ばれ方が大好きです。家族でもなく先生でもない、不定形な子どもと大人の関係でいられる気がするからです。

二〇一一年、『ちいさな哲学者たち』（原題：*Ce n'est qu'un début*）というドキュメンタリー映画が日本で公開されました。フランス・パリ郊外にある幼稚園の「アトリエ」と呼ぶ教室で子どもたちが哲学対話を重ねた記録でした。この映画を見た私は、フランスでは三歳から国民教育省（現：国民教育・青少年省）の公式プログラムに「こどもの哲学教室」を取り入れていると知り、この取り組みを自分でも実践できないかと文献を読み、考え、教えを請い、仲間を探しました。そして私たちはようやく二〇一六年度から大阪府豊能町にある吉川保育所で実践を開始し、その後二〇一七年度から同高槻市にある社会福祉法人照治福祉会摂津峡認定こども園、二〇一九年度から同豊能町ひかり幼稚園で、さらには二〇二一年度には同ふたば園でも、それぞれ毎月定期的に「こどもの哲学教室」の実践を続けています。

この取り組みを始めてから、日々、私たちは多くのことを発見し、多くの成果を得ました。具体的な例は枚挙にいとまがありませんが、この取り組みを官民、事業種別、経営主体、世代等あらゆる垣根を越えて共有し、活用してもらえるように、またこの数年間の自分たちを振り返る（リフレクション）ためにも文章にまとめて広くお伝えしたいという思いに駆られました。この本では「こどもの哲学教室」の実践にかかわった大人たちが自分の思いを自由に書きました。いささか自己満足で恐縮です。

さてこの本の発刊の目的は以下の通りです。

1　就学前機関や学校で「問題がある」とされる子どもたちが、「こどもの哲学教室」での対話を通じ、自分の気持ちを話す機会を得て、実は、同じクラスの子どもたちやわれわれ大人たちが「問題を作り出していたこと」や「その問題を認知できず、結果、放置していた」ことに気づくことがありました。まずは子どもたちのことばをていねいに聴き、思いを受け止めることが大事だと、やっとやっと気づきました。ただ注意すべきは、この活動の目的は、問題の発見や発生の構造、加害者と被害者の関係を明確にして責任を追求することではなく、この実践を通じて、悩みを抱える子どもたち、一見悩みのないような子どもたちや大人たち、また、いまこの本を手にしてくださった、日々悩み疲弊する保育・教育専門職、そして子育てに悩む保護者のみなさんに「みんな」で考える楽しさを感じ、幸せな気分になる時間が増えることを期待しています。

2

日々の業務に追われ、自分たちの役割や意味、業務のおもしろさが見いだせずに離職する専門職が多いなかで、この実践は、自分たちの日々の取り組みの振り返り（リフレクション）を行うことに時間をかけます。振り返り（リフレクション）の対話の中で、この実践にかかわった専門職が自分たちの役割や意味、業務のおもしろさに気づき、継続して業務への意欲をもつようになりました。われわれの取り組みを通じて、厳しい環境下で疲労困ぱいしていく保育・教育専門職が、〝他者とのかかわり〞に重きを置いたこの新しいアプローチを通じて「人―人」の関係性に対する既成概念を変化させました。その結果、仕事を「こなす」ことで精いっぱいだった日々が、主体的に自分で仕事を「する」日々に変化しました。今後、この取り組みが、子育てや保育、教育実践の場で新たなモチベーションとなることを期待しています。

3　この本の発刊は、「こどもの哲学教室」の実践に関わるひとびとが属する組織や個人の理念に基づいた、自発的な非営利活動です。この実践を通じ、効率や成果という新自由主義的な価値観が優位にたつこの社会で、すべての子どもと大人、そして社会全体の利益に長期的視点で寄与するという教育・保育の本来の目的を達したいと考えています。

「こどもの哲学教室」という実践を続けるには、多くの先達のアドバイス、多くの皆さんのご理解、一緒にやっていこう！　という頼もしい仲間の存在が重要です。フランスまで押しかけ、映画にも登場するパスカリーヌ先生や映画のプロデューサーのオパンさんにも数々のアドバイスをいただきました。そしてなにより子どもたちがこの時間と場所を気に入ってくれるか興味をもってくれるのか、ということにつきます。どうすれば子どもたちが楽しんでくれるのか興味をもってくれるのか。わたしたちの奮闘の一部でも知っていただければ幸いです。

発刊によせて

元ジャック・プレヴェール幼稚園教諭　パスカリーヌ・ドリアニ

哲学とは「知恵の愛」を意味するギリシャ語。
哲学対話とは物事の根本的な理由を探し求め、人間の存在の意味を省察すること。

「こどもの哲学教室」の実践は、学校と社会が新しい教育の意義を見出すことです。子どもたちが疑問を持ちそれを表すことを勧め、彼らを、大きく深い視野を持った、世界に関わるひとりの「個人」へと成長することを助けます。「こどもの哲学教室」における活動の実践内容は年齢によって異なりますが、期待するもの、提供するものと目的はどの年齢においても同じです。できるだけ早い時期から、子どもたちが疑問を持つことや驚きを感じる自分に対して自信を持てるように励ますのです。それだけでなく、子どもたちを認め、彼らの学びを拡張し、対話の機会を構築する必要があります。学校、諸団体、保護者、またその他の組織は、理解することの重要さに添い、考えることの重要さを構築する場所を持っています。

そこで子どもたちは自分の道を見つけ、自分が何者であるかを考えながら、普遍的な基準に従って行動することが求められるこの世界に住む準備をするのです。思考の自律性と批判的思考の実践を基礎とした子どもの選択の力は、子ども自身の進歩的な発展とともに身についていきます。ですから、子どもが徐々に自分自身を社会的存在として認識できるようになるために、私たちは一緒に活動し、努力と感性を彼らと共有し続けましょう。民主主義を求めるということは、誰もが人類における子どもの場所について考え、彼らのその場所を認めてよいということを意味します！

あなたがたがこの活動に興味を示してくれたこと、あなたがたがこの活動に関わろうとしてくれる気持ち、あなたがたのその決意に感謝します。この素晴らしく、豊かで、絶対に欠かすことのできない冒険を続けてください。

パスカリーヌ・ドリアニ
（Pascaline Dogliani）

現在は高校の美術教諭。以前は小学校の教諭を務める。著書『幼稚園で考え、考えることを学ぶためのプロジェクト』（共著者J. C. PETTIER, I. DUFLOCQ/Edition DELAGRAVE出版）。映画『ちいさな哲学者たち』（原題：*Ce n'est qu'un début*、製作シエル・ド・パリプロダクション、監督ピエール・バルキエ、ジャン・ピエール・ポッツィ）の中心的出演者。

わたしたちの「こどもの哲学教室」について

「こどもの哲学教室」とは?

私たちが実践する「こどもの哲学教室」は、対話を通じて、子どもたちが思考力や議論する力を身につけるだけでなく、自分とは異なる考え方をもつ他者を受け入れ、多様性を理解すること、そこから自分自身について考え(自分探しではありません)、考える力、学ぶ力をつけ、さらに他者に興味をもつ(コミュニケーション)力を得て、子どもたちの能力は飛躍的に拡大していきます。また「何か」や「誰か」と「自分」や「他者」を比較することに重きを置かず、自分の姿や他者の姿を意味づけなしに見たままに受け入れることを大事にしています。ただしこれは私たちが勝手に意味づけしていることなので、その場に参加する子どもたちはおのおの自由に思うまま、「こどもの哲学教室」の意味づけをしています。

「こどもの哲学教室」はこんなふうに行っています

☆ルールは三つだけ

■「こどもの哲学教室」の時間を意識してもらうために初めにロウソクに火を灯します。ただしロウソクの火には絶対に触らない。なぜなら危ないから。自分の体はこの世で一番大事なもの。反面、自分のものでありながら粗末にされがちなのも自分の体。だから自分で守ります。

■お友だちが話し始めたらよく聞いてください。

■お友だちの意見に対して「おかしい」「普通と違う」等のジャッジはしません。

☆毎回テーマを決めて、そのテーマについて子どもたちが思ったことを自由に話します。

☆その日の話のまとめや結論は求めません。つまり話し合いのまとまりのある成果や、成果を出したという評価を求めません。台本や落としどころを事前に決めておくと、そこから外れた発言や行動をした参加者は「ちゃんとできなかったひと」という評価をされてしまうことになるからです。

☆「こどもの哲学教室」の時間の長さは子どもたちが決めます（平均は三〇～四五分）。

☆**子どもたちには、大人が子どもに期待する理想の姿を求めません。**

■ごろごろ自由。聞いていたらいいです。もちろん聞きたくなかったら聞かなくてもいいです。
■うろうろ自由。聞いていたらいいです。もちろん聞きたくなかったら聞かなくてもいいです。
■「話したくないからパス」「今は言えないからパス」「意見が言えない」も意見のひとつです。

「こどもの哲学教室」の意味

一番大事なことはひとが幸せになることとです。でも幸せの定義はひとや文化、国によってさまざまに異なります。まずは自分にとって幸せとはなにか？　を自分自身のことばで考える作業が必要になります。教育や保育、介護、医療といった仕事の意味は「ひとが幸せになる方法を利用者と専門職が一緒になって考えること」と考えます。

子どもたちは自分では生まれた環境は選べないし変えられないかもしれませんが、世界観が変わると、必ず子どもたちは自分のことを自分で考え自分の力で別の世界へ足を進めることができます。つまり「こどもの哲学教室」で行われていることは、私たち大人が子どもたちの力を信じる作業であり、また子どもたちを守られるべき弱きものとして見るのではなく、私たちが子どもたちを「弱きもの」としている思い込みを捨てる作業でもあります。その作業過程を通じて、子どもたちと一緒に、子どもたちにとっての「幸せ」を形にする方法を考え続けています。実は自分たちの幸せを一緒に考えること自体が「哲学」の意味なのです。

「こどもの哲学教室」に期待できること

1　時間を気にせず、慌てないで話すことができるので、普段上手に話せない子どもが「ゆっくりでも話してもいいんだ」と、徐々に自信をもって人前で自分の意見が言えるようになります。もちろん「話せない」「話さない」「話したくない」ということも本人の権利であり自由です。「ちゃんと話さなければいけない」というルールはここにはありません。

2　他者の話をじっくり聞く姿勢が身につくと、参加者は、普段話を聞いてもらえない、話を無視されやすい子ども（例えば1のように上手に話せない子ども、いろんな理由でクラス内で軽んじられている子ども等）の語りに耳を傾けることになり、話を聞いてもらえない子どもの内部からあるとき急にことばがあふれでるようになります。またすぐに手がでる子どもが、暴力ではなくことばで自分の意思が受け入れられることを学習し、お友だちに暴力を振るわなくなります。

3　クラス内での決め事の調整、共有の備品を誰が使うか等の場面で、子どもたちが自分の意見や気持ちを表現し、お互いの言い分を最大限もりこんだ新しい解決案を、子どもたち自身が話し合いで見つけられるようになります。じゃんけんや多数決、またはパワーのある子どもが自分の意見を通して、誰かが我慢して譲ったり、譲ってもやはり本音では納得いかず泣いたりする場面が劇的に減少します。

大人（教師を始めとする専門職、また家族、地域の人）たちはそのような子どもたちの変化をそばで見守り、一緒に対話を経験するなかで、いつしか大人たち自身が変化します。自分の気持ちを他者にうまく説明できず、誤解されやすい子、ゆっくり話す子、おとなしい子、自分の意志で沈黙している子、話したくても話せない子、日本語を母語としないためうまく話せない子等が、その場にいること、いていいこと、そのままでいいことを理解します。つまり「話が上手」、「語彙数が多い」等々のスキルをもつ子どもを「優れた子」と評価する私たち大人の内省につながります（そもそも、大人も存在が不確かな「誰か」の評価を気にして「ちゃんとさせなくては！」と思わされていることに気づいているでしょうか）。またコミュニケーションの道具として「ことば」以外の「センス」や「行動」等にも注意を払うようになり、さらにコミュニケーションが豊かになります。

さていろいろと長くなりましたが、いよいよ本文です。

第一章

「こどもの哲学教室」が始まった！子どもも大人も大混乱から「なにか」を見つけた

世界を変える「こどもの哲学教室」、私たちが変わる対話の力

あれはもう何年前だったか。私は保育の現場に関わるひとたちに子どもの人権について考えてもらうきっかけになる素材やメディアをあちこち探しまわっていました。そうこうしているうちにパリの、ある移民地区に移り住んだ複数家族の十一歳から十五歳、二十カ国二十四人の生徒のそれぞれのストーリーが描かれているという『バベルの学校』という映画に行き当たり、さてどこかで上映されていないかとインターネットで上映館を探しました。すると検索画面の中に『ちいさな哲学者たち』という映画が紹介されている記事を発見しました。

日常まだまだ多くの差別が現存している中で、私は日々、子どもたちに「差別に異を唱えることができる人になってほしい」、「偏見や不当な扱いを受けている人や状況を見た時に何らかの行動を取れる人になってほしい」と思い続けています。その思いや意味を子どもたちに伝えるために、いつも参考になる情報や活用できるツールを探し求めていたので、

映画『バベルの学校』と同じように、パリ郊外の移民地区の幼稚園で取り組まれている哲学対話を題材にしたドキュメンタリー映画、『ちいさな哲学者たち』は、強烈に私の興味を引きました。

その映画のことを気にしていたさなか、私の勤務地がある大阪の北の地で「地域の大人の意識変革をするために、まずは子どもの学びを変えていこう」という目的で、二〇一六年九月から「こどもの哲学教室」がスタートしました。それにあたって前月の八月にこのプログラムのファシリテーターを務める山田さんが保育所を訪ねてくれ、職員対象に「こどもの哲学教室」についての事前学習を実施し、偶然にもあの『ちいさな哲学者たち』のDVDを持参し、その一部を上映しながら内容を紹介してくれました。

映画の舞台はパリ郊外にあるZEP（zone d'éducation prioritaire：優先教育地区）のひとつにある幼稚園です。そこに登場する三歳から五歳の子どもたちの挙動には貧富の差が明らかに見えていたり、家庭での親の発言がそのまま子どもの意識をつくり上げている様子が映し出されたりしていました。罪を犯したことのある親をもつ友人について子どもたちが言い合ったり、黒人の女の子が、「恋人どうし」だった白人の男の子から、「自分のことをいつまでも恋人のように思わないでくれ！」と言われる場面の後、先生から「あなたが好きな気持ちはそのままでいい」と言われホッとする様子があったりと、大人社会の縮図が子どもたちの世界にはっきり見て取れました。

私は「こどもの哲学教室」の実践によって、子どもたちの発言力や傾聴力が育つことを期待しています。それだけでなくこの実践は、子どもに関わる大人の意識変革につながることが期待できるのです。

保育の現場での保育者と子どもが行事の進め方やクラスで何か出し物をする際の話し合いは、そのほとんどが最終着地点を大人の側で事前に決めているか、話し合いのなかで大人が好む方向に誘導していきます。話の展開が大人の思いとは違う方向へ流れそうになると、なんとかして自分が期待する方向へ修正をしようという意識が働き、その気持ちをうまく隠しながら大人は子どもへの質問やアドバイスという体で時には子どもの意図しない方向へと導いてしまうという危険性があります。このような意識の方向づけが続くなかで子どもを担当する大人の思考がそのまま子どもに植え付けられ、結果、その後の子どもの行動や思考にまで影響は及んで、先々までもが大人によって方向づけられてしまうということが予想できます。もしかすると戦前のように権力者としての大人が権力のない子どもの感情や意識を操作し、大勢を自分が思う方向へと導くかもしれないということです。そんな意図がなくとも子どもへの影響を完全に排除することはできません。幼い子どもは、信頼する大人の発言を疑うことをまだ知らないので、私たち大人の発言の方向性が誤っていたとしても素直にそれが正しいことと思い、すっと受け入れるでしょう。

では私たちにとっての「正しいこと」「自分の考え」とはなんでしょうか。

大人はそれまでの経験から自身の考え方や意識をつくっているにもかかわらず、「与えられた経験や環境から得た知識や考え方」を、あたかも自分自身が作り出したもの、生まれた時から自分はそう考えていたと誤解しがちです。

「正しいこと」「自分の考え」をもってしまった私たち大人は子どもの思考力を伸ばすための新しい知識を得られるでしょうか。他者の口から発せられる多様な考えを取り込めるのでしょうか。どう自身の意識やアイデンティティに新しい発見の層を上乗せできるのでしょうか。それと同様に子どもたちに関わる私たち大人が、固定化した意識を子どもに植え付けてしまわないためには、なにが必要なのでしょうか。「こどもの哲学教室」という実践に出合うまでは、私はそのようなことを考えることなどありませんでした。けれどもその実践にふれる中で、子どもたちは与えられたテーマに沿って考え、頭の中でまとめて発言することができ、また話し手の意見や考えを聞いてさらに自分の考えを深め、改めたり修正したりすることをいとも簡単にやってのけることを知り、その気づきから自分自身が持つ固定された子どもへの見方や捉え方を改めることになりました。

「こどもの哲学教室」では、ファシリテーターとして参加する保育者が対話の方向を定めることはありません。大人も子どもと同様、一参加者として意見を述べることはあってもその方向性を操作しないということを意識して参加します。そう子どもたちと向き合うだけで、それまでの保育者としての「当たり前」の価値観が変わり、様々な子どもの態度や意見に対して大人のとるべき姿勢が問われ、その繰り返しによって寛容な人となることができるのです。

このように「こどもの哲学教室」は自由な発言を保障するという意味で、大人が自分自身を変革するための貴重な体験の場となることを実践者として強く感じています。これこそが子どもたちの思考を「自由な広い世界」に導く鍵です。哲学対話を重ねることで気づかぬうちに私たち大人が鍛練され、日常の子どもへの関わり方にも変化が現れ、自然に保育の場で子どもを尊重するようになります。そして目の前にいる存在を寛容に受け止めるようになってからは、私たちは他の大人に対しても寛容な態度で接することができるようになり、大人同士も良好な関係になります。

また、この「こどもの哲学教室」の実践を家庭に知らせ、家庭でも行ってもらうことで、親の意識に変革をもたらしていることも付け加えておきたいと思います。それまで大人が言ってきかせないと何もできないと思っていた子どもがこんなふうに考え発言することができるのだという発見と共に、私たち保育者が変化し始めたように親自身が考え、自身の価値観や規範を問い直す機会として、子どもを尊重し寛容に受け止める様子が見えるようになってきました。

子どもが変わる過程のなかで、実は大人が大きく変化するさまを目の当たりにする「こどもの哲学教室」という実践は、社会を変えていくその一歩になるのではないでしょうか。

「こどもの哲学教室」は「主体」の意味を理解する装置
～ちゃんとさせたい大人たちとそれに付き合ってくれていた子どもたちの変貌～

四月、摂津峡認定こども園で初めて「こどもの哲学教室」が始まった。初年度は年長クラスのみの取り組みだった。そんな年に私は年長クラスの担任となった。あれから数年。いま、記憶をたどり、年長クラスの子どもたちの態度、行動、言動の変化や、それを見守っていた保育者の価値観、関わり方の変化について振り返ってみたいと思う。

年度も末になって、来る四月から年長クラスの活動に「こどもの哲学教室」を取り入れることが決まった。その年長クラスの担任に決まっていた私たちは、それに子どもたちまでが「『こどもの哲学教室』ってなに⁇」「山田先生って誰？　どんな人？」と、まだ聞いたこともない活動、出会ったことのない人にドキドキと不安の両方の気持ちを抱いた。事前に担当者全員でフランスでの「こどもの哲学教室」の様子を記録した映画『ちいさな哲学者たち』を観た。先生と五歳の子どもたちの完成された対話の姿を見て「私たちやうちの子どもたちでこれをするなんて絶対に無理、無理、無理！」とさらにその気持ちは強くなった。

この年の年長クラスの子どもたちは、自分たちから何かを生み出すことより、保育者に「これはどうしたらいい？」と、確認を取ることが多いのが特徴だった。担任としては、集団で何かをするとなってもまとまりがよく指導しやすいクラス、と感じていた。反面このクラスの課題は「主体的な活動をどう導き出すのか」、ということだった。常々この課題について担任二人で考えながら保育を行っていた。今考えると、「主体的な活動を導き出す」ということばの表現の矛盾こそ、子どもの主体性を理解できていない様子を表しているのだろう。

そんな中「こどもの哲学教室」が始まった。第一回目、クラスを半分の人数に分け、山田先生を交えて円形にイスを配置して座りお話がはじまる。初めて出会った山田先生の優しく、何でも受け止めてくれる雰囲気を感じて、子どもたちも山田先生の質問に答えていた。こうして初回は顔合わせ程度に話をして終了した。その後も定期的に月に二回、「こどもの哲学教室」の取り組みを続けた。だんだん回数を重ねていくにつれて今までイスにお行儀よく座って話を聞いていた子どもたちだったが、話を聞きながら自分のイスをガタガタと揺らす子どもが一人、また一人と現れた。またほかにもイスには座っていても体がゆらゆら動きだすなど、子どもたちのお行儀のいい姿勢に変化が表れ始めた。この子どもたちの行動に保育者は、その都度イスを揺らすことを制止し、話を聞くように促す、そばについて落ち着いて話を聞くように促すという対応をした。この時、私は「人の話を聞く＝話し手の顔をみて聞く」というように思っていたこともあり、子どもたちがイスをガタガタと揺らす行為や落ち着きのなさを、「ちゃんとひとの話を聞いていない」と判断し、子どもたちの様子に戸惑いを感じた。同時に「『こどもの哲学教室』の時間で子どもたちは何を感じているのだろう」「この取り組みで子どもたちがどのような変化をしていくというのか」と疑問にも感じていた。

そんな戸惑いや疑問を呑み込みながらこの実践を続けた。ただ実践を重ねるだけではなく子どもたちに何かしらの変化を期待して、子どもたちの発言内容を記録したり、今まで撮っていたビデオを見返したりして、実践研究に取り組んだ。あるとき今までのビデオを見返すことになった。第一回目の「こどもの哲学教室」の時間の子どもたちの様子を久しぶりに目にした。この頃、「こどもの哲学教室」の時間はイスに座って話を聞くスタイルから、絨毯を敷きそこに円形になって座って話を聞くスタイルへ変更していた。そこでは子どもたちもすっかり山田先生と打ち解け、まるで友だちと話しているかのように会話を楽しむ姿が見られるようになっていた。そういう子どもたちの姿を知ったうえで第一回目のビデオを見ると、あの頃は落ち着いて話を聞いていたように見えた子どもたちだったが、実は緊張と不安で表情も体もがちがちになっていたことに気がついた。「こんにちは」と挨拶をしているが「いったい何がはじまるのだろう」「この人はどんな人だろう」というような感情が伝わってくるようだった。この時に初めて「落ち着いて話を聞いていたのではなく、緊張や不安が子どもたちの行動に出ていたのだ」と感じた。またそれはビデオを見返し子どもたちの行動に気づいたと同時に、私自身の子どもたちに対するまなざし、保育の価値観がガラッと変わった瞬間でもあった。

それまでの私は「主体的に」という目標のもと、子どもたちから話を引き出そうとはしていたが、実は自分でも気づかないうちに、自分の求めていた答えを言ってくれるのを待っていたのではないかと思う。それまでの子どもたちとの対話の雰囲気を思い返すと、話し手の方を向いて座っていない、体がだらけているといると話を聞いていないのではないかと感じ、話を聞くように促していた。それがビデオを見返し、「こどもの哲学教室」の取り組みを通して、子どもはこちらの思うような姿勢でなくてもちゃんと話を聞いていて、どの子も表現の仕方はそれぞれに違いはあるが、伝えようとする力を持っているのだと気づくことができた。

「こどもの哲学教室」の実践開始当初はこの取り組みによって子どもたちにどんな変化、成長が見られるのかということを考えて取り組んできた。しかし取り組みを続けていく中で、子どもたちはもちろん、保育者それぞれにも変化や成長が見られたのではないかと思う。特にこの年度の年長クラスは、かつては大人に確認を取ってから行動をとっていた子どもたちだったが、いつの間にか、自分たちの発言に自信を持ち自分たちのしたいことを実行するためにどうしたらよいのかを子どもたちで話し合うようになった。また、子どもたち相互のかかわりから、個人の表現の仕方、存在の仕方にはいろいろあっていいのだということも子どもたちなりに感じることができるようになった。

保育者にとっては、「こどもの哲学教室」を実施したあとに毎回実施する山田先生とのミーティング、定期的に行っていた振り返りを繰り返すことが大切な実践だと感じた。今までの自分の価値観、保育観の違いにぶつかり、モヤモヤとした時期もあったが、子どもたちのいきいきとした姿を見たことで、今までの考えとの違いを受け入れられた。「こどもの哲学教室」という取り組みについて何も知らないところから始め、子どもも保育者も緊張や不安が入り交じっていたが、この取り組みは「続ける」ということがとても大切な取り組みであると思う。園にいる間はもちろん、卒園したあとも、この「こどもの哲学教室」の時間が子どもたちと保育者の心のよりどころの一つになっていく、そんな取り組みとして続いてほしいと願っている。

摂津峡認定こども園　園舎と園庭

第二章

実践事例
――座りの悪さと気持ちのいい気づきがいったりきたり

大人にとっては「小さな親切」、でも子どもにとっては「大きなお世話」──「待つ」ことの意味とは、「こどもが主体」の意味とは

〝そんなときもあるよね〟〝なるほどこの考え方もあったか〟と変化や違いを楽しむ。まずは自分自身の行動を変えて子どものことばだけに集中して話を聞く時間を作ってみませんか。

当園で「こどもの哲学教室」に取り組むことが決まったのは、私が保育教諭になって三年目の春、二年連続で年長児を担当することになったときでした。どのクラスで実施するか。まず白羽の矢が立ったのは、私が担当する年長児のクラスでした。

就職して間もないながらも私は前年度も年長の担任をしたので、その経験から自分で一年の活動の見通しをたて、今年度の年長児とはどのようなテーマで一年を過ごそうかと考え、余裕を持って行事を進めるためにも少しずつ前倒しで計画して実施しようと考えていました。そんな中、園で研修会が開かれ「こどもの哲学教室」という実践に出合いました。

研修会の案内が届いたときは「哲学って何？」「学校で哲学者の名前は習ったけど……幼児に思想を教えるの？　何するの？」と意味が分からないだけでなく全く想像がつきませんでした。その後研修会に参加して、講師の山田さんの話を聞きDVDでドキュメンタリー映画『ちいさな哲学者たち』を観ました。映画のなかでは幼稚園に通う五歳前後の子どもたちが、担当の先生に促されながらも「生きるってなに？」「愛ってなに？」とお互いに問いかけ応えていました。

　この年度に担当した五歳児たちは比較的おとなしく、ことばもうまく

使え、そして大人の指示によく従う子どもたちでした。その子どもたちといえども、私自身の感想は「この実践は無理だ。それにこれはヨーロッパの取り組みで、いつも哲学的な思想が周囲にあるから、だから五歳児でも哲学的な話し合いができるのではないか」「この取り組みをして何になるのだろうか？　年長児クラスには毎月のように行事があり、月に二回もこの取り組みに時間を使っていたら他の活動が遅れるのではないか」と思いました。その反面「ただの食わず嫌いで、実はやってみたら面白いのかもしれない」と大きな不安と少しの期待を持ちながら、いよいよ年長児との「こどもの哲学教室」が始まりました。

当日は私たち年長児クラスの担任だけでなく、園長等マネージャークラスも参加し、全員が不安と期待でドキドキしながらも「こどもの哲学教室」に参加しました。大人の気持ちが子どもたちにも伝わってしまったのか、初めの数分は子どもたちも緊張しながら椅子に座り静かに話を聞いていました。時間の経過とともに少しずつ子どもたちはリラックスし、座っている椅子をガタガタと揺らし、またそれぞれが好きなようにふるまい、担任間では「大人の言うことをよく聞くクラス」と認識していた子どもたちが、ちゃんと大人の話を聞くという状態ではなくなってしまったのです。その時私は「子どもたちに話を聞くように大人が指示しないといけないのではないか。けれどもファシリテーターの山田さんが居るのに私が止めてしまってもよいのだろうか？」「さりとて、これは行動を観察しているのかな？　だから止めない方がよいのではないか」と、自分はこの場所でどのように立ち振る舞うべきなのか分からない、不安定な、そして気持ちが悪い時間を過ごしました。

「こどもの哲学教室」実施日は毎回当日朝の打ち合わせと実施後の振り返りに時間を割いています。毎回、「これでいいのかな？」と、振り返りの時間に参加した大人たちで正直な気持ちを吐露しながら話をし、「じゃあ次はこうしよう」と考えながら取り組みを進めていきました。今になって考えると、この行為と実践が「リフレクション（省察）」なのでした。

少しずつ「こどもの哲学教室」とはリフレクションのための実践なのかもしれないと思い始めたころ、子どもたちと話をする（子どもたちの話を聴く）時間を楽しい・面白いと感じるようになり、自分の中での変化が始まりました。特に変化したことは「待つ」「こども主体」についての考え方です。前年度の年長児を担任している時もこの二点については意識をして保育を行っていましたが、「こどもの哲学教室」を始めてからそれらの概念は私のなかでさらに変化しました。そんな変化を体感するエピソードをご紹介します。

当園では毎年十月に運動会を開催しています。運動会の楽しみのひとつに年長児によるリレーがあり、子ども、保護者、保育教諭全員が楽しみにしていました。前年度までは子どもたちや会場のムードを盛り上げようと、競争が接戦になるように担任間でリレー走者の順番を話し合って考えていました。しかしこの年度は子どもに順番を決めてもらうのはどうだろうかと、子どもと私たちだれからともなく言いだしました。

私は子どもたちの提案に賛成したものの、

「子どもにも走りたい順番があるのかもしれない」

「子どもに任せると時間がかかったりトラブルになったりするかもしれない」

「接戦にはならず、大差で勝負がついてしまうかもしれない」

と気持ちの葛藤が生じ、さらに担任間でも話し合いを重ねました。話し合いの結果、この半年間で子どもたちが対話を楽しいと感じるようになったり「どうする？」と尋ねた時に自分の意見を発言するようになったりした姿を見ていたので、子どもの力を信じてみたいということになり、子どもたちにリレーの順番を決める話し合いを任せることにしました。

運動会開催日の一カ月以上前、子どもたちに「自分たちでリレーの順番を決めてほしい」と伝えると、その日からそれぞれが順番について考え始め、リレーあそびをするたびに、

「ここを変えた方がいいんちゃう？」

「○○くんはアンカーがいいって」

「僕は△△くんと勝負がしたい」


など意見がたくさん飛び出しました。子どもたちが自由に意見を言ってくれることを喜ぶと同時に、順番がなかなか決まらないことに少々の焦りを感じる日々が続きました。例年運動会一週間前にはリレー走者を決定し園内に貼りだし保護者に周知していたのですが、

今回は一週間前になってもリレー走者の順番が決まりません。そこで「リレーの走順は子どもたちで検討中です」というお知らせを掲示し、各家庭に個別に状況を説明しました。

子どもたちにそれぞれの思いを聞くと、

「勝ちたいのに勝てないからこの順番はあかん」

「でもどうしたらいいんやろう……」

「絶対にアンカーを走りたい」

「〇〇くんと勝負がしたいからな」と想いがあふれてきました。


この頃になると保護者の方も、子どもには子どもの思いがあってリレーの順番が決まっていないことを理解してくださったので、家に帰ってからも家庭でリレーの走順について話したと送迎時に聞くことがありました。アンカーになりたい二人の子（女児のAちゃんと男児のBくん）、Aちゃんは「アンカーはかっこいいからなりたいねん」Bくんは「アンカーでCくんと勝負をしたいもん」と理由を話しました。

そこで翌日、AちゃんとBくんの二人で順番をどうするのかを一時間ほど話し合い、Aちゃんが「譲ってあげる」と一言伝え、その場を離れました。アンカーに決まったBくんは、「Aちゃんの気持ちも分かるから」と何度もAちゃんに「ありがとう」と伝えAちゃんも納得して順番が決定しました。

しかし運動会前日になって、Aちゃんが涙を流しながら「譲ってあげたいって気持ちはあったけど最後のリレーやからやっぱりアンカーを走りたい」とBくんに伝えました。話し合いが再び始まりお互いに後悔しないように思っている感情すべてを話し、話が平行線に戻ったのです。午後五時、降園の時間がきました。お迎えの保護者に状況を伝えると、きっと少しでも早く帰宅して家庭内の予定を済ましてしまいたいはずなのに、遠くから話し合っている姿を見守ってくれたのです。

話し合う中でBくんの「Cくんと勝負して勝ちたい」という気持ちの話になりAちゃんが「Cくんのいるチームに勝てるようにBくんが先の順番で相手のチームにいっぱい勝ってて！　そしたらゴールの時に絶対勝てるやん」と、個々に戦うのではなく、チーム戦として協力をしようと提案したのです。するとBくんも「分かった。そしたらアンカー譲ってあげるし、いっぱい勝っておくから絶対に負けんとってな！　約束やで」とリレーの順番が決まったのです。

今、私自身の中で「待つ」ことや「こども主体」という概念は、大人が決めた時間内で「待つ」ではなく子どものタイミングや満足するまで話し込む時間を作り、子どもたちが納得するまで「待つ」に変わりました。そのためか、子どもたちも一つひとつの活動に意欲をもって参加するようになったと感じています。私は、これが「主体的に参加する」ということなのではないかと考えています。

今後も子どもたちが「話す（意見を伝える）って楽しい」と感じながら「こどもの哲学教室」に参加する姿を見て、私自身の考え方や保育観の変化に気づいたり、子どもと一緒に対話する楽しさや面白さを伝えたりしていきたいと思います。

子どもの姿から、保育者自身が変わっていく。私たちは子どもたちになにかを教える者ではなく、子どもたちから学ぶ者

いろんな子どもの姿を認め、グッと気持ちを我慢して、最後まで見守ってみると、新しい考えや自分に出会えるかも……。

「こどもの哲学教室」ということばを初めて耳にしたときの私の頭の中は、「なにが始まるの？」「保育に関係があることなの？」と疑問ばかりだった。初めて実際に「こどもの哲学教室」の部屋に入ってみると、子どもたちは寝転んだり走ったり好き勝手に過ごし、話を聞いているのか……聞いていないのか……。そんな様子を目の当たりにした私は「え、え、え、このままでいいのか!?」とモヤモヤしたことを覚えている。「こどもの哲学教室」を知る前の私は、「保育とは、大人が前に立って、なにがいいこと、いけないことか、積極的に子どもに指導すること」という、「大人が、大人が」の視点で保育を進めていたような気がする。

そもそもなぜ私はそのような視点を持っていたのだろうか……。

そんな私が継続的に「こどもの哲学教室」に加わることになったのち、まずなにをしていたかというと、必死で子どもたちが「こどもの哲学教室」で話す内容のメモをとり、そのメモを見ながら振り返りをして、ということを続けていた。今となって振り返ると、その場でなにが起こっているのかを考える間もなく、見えている事象を通じて必死でこの取り組みについていこうとしていたのだろう。

私自身に変化を生み出した「こどもの哲学教室」

こんなエピソードがある。ある年の年長児クラスにいたAくんのことだ。Aくんは、喜怒哀楽が表情や態度によく表れ、周りの友だちからも「Aくんが！　Aくんが！」とよく名前が挙がる子どもだった。また日ごろから大人には甘えることが多く、私たちに抱っこを求めたり、膝の上に座ったりすることが多かった。

ある日、そんな彼が初めて「こどもの哲学教室」を経験し、なんでも聞いてもらえる山田さんと出会った。自

分の話を「うんうん」と聞いてもらえる喜び、まわりの友だちからも否定されない空間、その場所は徐々にAくんにとって、最高の場所になっていった。

「こどもの哲学教室」の回数を重ねるにつれ、Aくんのみならずまわりの友だちにとってもそこは過ごしやすい場所になり、みんなが「わたしの話を聞いてほしい」と積極的に前へ出てくるようになった。そんな友だちをよそに「ぼくの話を聞いてほしい」とAくんは自分のことを話し続けた。そんなことが続くうち、周りの友だちには「Aくんばっかり……」と、不満がたまっていき、Aくんと友だちとの間に距離が生じ始めた。自分の話は聞いてもらえて満足、でも友だちの話には耳を傾けない彼に、私自身も「自分の話を聞いてもらうことは気持ちがいいけれども、相手の友だちはどのように思っているのか」ということを子どもたちにどのように伝えていけばいいのか悩み始めた。

哲学の時間を終えてからの担任と山田さんとの振り返りから、相手に興味をもつということに視点をおき、「こどもの哲学教室」の対話に「インタビューごっこ」をゲーム感覚で取り入れ、「最近楽しかったこと」や「もやもやしていること」などをインタビューのテーマとして対話を進めていくことにした。

山田さん「最近楽しかったことはなに？」

Ａ「ほたるぐみ（年長クラス）の活動！　好きなことがたくさんできるから」

と話が始まり、自分の話を聞いてもらえる喜びを体とことばで表現していた。

そのような遊びを何度か重ね、Ａくんの気持ちを深く探り気持ちの変化を期待したが、Ａくん自身の話したい気持ちが先走り、山田さんの横を独占して隣に座りたいという気持ちであったり、周りの子が話しているにもかかわらず、ちょっかいをかけたりするといった、毎回代わり映えのしない彼の姿に、まわりの友だちはＡくんに対して「自分たちよりも幼いからしょうがない」と思っているのではないか、と私は感じ始めた。

ある日の「こどもの哲学教室」の時間、Ａくん以外の子どもが先に山田さんの隣に座ってしまい、Ａくんにとっては自分の指定席とでもいえる山田さんの隣に座ることができず大きな声で泣き出した。結局その日は「こどもの哲学教室」の時間中泣き続け、ひとこともみんなと一緒に話をすることができなかった。見かねた私たちは「こどもの哲学教室」が終わってほかの子どもたちが普段の活動に戻ったことを見届けたあと、「Ａくんはどうしたかったの？」「これからどうしたいの？」と、彼の気持ちに寄り添いながら、保育者と一対一でゆっくりと話す時間を作った。
保育者「山田さんの隣に座りたかったの？」
A　泣きながらも大きくうなずく。
保育者「でもほかの友だちも山田さんの横に座りたいと思っているとと思うよ。Aくんが大好きな山田さんはどう思っているかな？」
A「ほかの友だちも座ってほしいと思っていると思う」

それは今までのAくんの口からは聞いたことがない答えだった。Aくんはほかの友だちや山田さんの気持ちを考えることができたのだ。それからもしばらく二人でやり取りを続け、Aくんから最後に出たのは、

「おはなしの会が終わったあとに、山田さんとタッチがしたい」

ということばだった。その瞬間私はAくんの心の中の何かが変化したような気がした。

気持ちは収まったものの、まだ涙を浮かべひっくりひっくりしながらAくんは山田さんの姿を捜した。そしてAくんは山田さんとタッチをし、ようやく落ち着いた表情を見せた。

この一件があってから、「こどもの哲学教室」でのＡくんの表情や感情が変わり始めた。

いろんな対話の場面から、自分の思っている気持ちを素直に伝えたり、周りの友だちの気持ちにも寄り添ったりするなど、Ａくんの気持ちが変化しているように私には感じられた。「誰かに話を聞いてもらえる」という喜びの気持ちが以前よりも大きくなり、またそれだけでなく友だちの声にも耳を傾けられるようになっていったように思う。そのような対話の時間を繰り返すうちに、いつも山田さんの隣の座を絶対に譲らなかったＡくんが、山田さんの隣に座りたいと言って

いる女の子に、

「Bちゃん、横に座りたいんやったら、座ってもいいよ」

と場所を譲った。

それをきっかけに、周りの友だちもAくんに対して、「Aくんだからしょうがない……」と「自分よりも幼い」友だちを甘やかすというような見方ではなくなり、みんながAくんと対等な仲間として関わるようになっていったことが私自身もはっきり目で見てわかるようになり、嬉しかった。

一年間の「こどもの哲学教室」の時間を経て、Aくんは自分自身をコントロールできるようになり、人の気持ちを考え、人の思いを受け入れられるようになった。ありのままの気持ちを素直に伝えられる喜び、相手が聞いて共感してくれる嬉しさなどを哲学教室を通して感じ取り、Aくんはこの一年で大きく成長した。

私自身もAくんの様子を観察していく中で、子どもの気持ちに耳を傾けてみること、子ども自身が「今なにを考えているのか」ということを一つひとつ汲み取れるように保育を実践する大切さを学ぶことができた。

「こどもの哲学教室」を始めたころは、必死にメモを取るだけだった自分が、いつの間にかメモをとらず、目の前で繰り広げられる子どもの「今」に寄り添い、子どもの世界に入り込み、気持ちを汲み取れるようになった。そこに私自身も成長した過程を感じる。「多様性」ということばがある限り、寛容な気持ちを持ち、いろいろな子どもに寄り添い、その時々での発見や気づきを次の保育へと繋げていけるように、今後も私自身勉強していきたいと思う。

ものわかりのいい子どもはさみしい。でもそのさみしさを口にできない。私がそれを思い出したとき

子どもたちのありのままの表現を受け止めよう！　表現の仕方に正解、不正解はないということを保育者自身が心にとめておき、子どもたち一人ひとりの思いに寄り添えるようにしています。

年中クラスを担任していた時のことだ。このクラスは年中になって初めて「こどもの哲学教室」を体験した。「こどもの哲学教室」の体験を重ねるにつれ、少しずつ、ここは自分の思いを自由に表現してよい場なんだと感じ始めた子どもたち。山田さんや保育者、友だちに話を聞いてもらいたくて自分の思いをことばにして表現する子が増えていた。ただ発言する子はいつも決まっていて、その子たちは話を聞いてもらえる喜びや満足感を感じているが、いつも話に入らず静かに聞いているだけの子や話の輪に入らず、興味がないとそっぽを向く子もいた。そのような子たちの姿を見て、私はふと自分の幼少期を思い出した。

私は小さいころから自分の身の回りのことに関しての大人からの指示に対してはさっと指示通りに行動する、どちらかというと手のかからない子だったと思う。自分でできることが多いということは自分の自信にもつながっていたが、その反面、自分が通っていた保育園の先生からはあまり目をかけてもらっていないと感じることが多かった。少しやんちゃな友だちがスムーズに着替えを済ませると、「〇〇くん、はやいね！　すごい！」と先生に褒められるが、いつもスムーズに着替えている私はそれが当たり前になってしまい、同じことをしていても褒めてもらえない。「どうせ、先生は私のことなんてみていないんだ……」と感じていた。

今、自分が保育者の立場になって考えると、配慮の必要な子や「せんせい～！」と頼ってきてくれる子への対応に精いっぱいになってしまっている現状も少なくない。当時の自分の担任への気持ちを、「何でもできる子には目を向ける余裕がなくなっていたのだろう……」と自分の保育者としての姿も反省しながら思い起こした。「先生に自分のことを見てもらいたい！」という気持ちは大きかったにもかかわらず、それをうまく表現できなかったために、ついにわたしは先生に認めてもらうことや褒めてもらうことを諦めるようになった。それと同時に、いつも積極的に発言したり、自分を表現したりしている子たちを見ていると、なかなかそこに割って入るような勇気はないし、ここでなにか私が言うと、友だちにその意見は違うのではないかと否定されるような気もしていた。周りの評価を気にし、うまく自分を表現できない。子どもながらにそんな感情を心に抱いて過ごしていた。お集まり（朝と午後にクラス単位で実施する集会）などの自分の意見を発表する場においても、「どうせ自分の思いなんて聞いてもらえない」と感じていたため、本当は聞いてもらいたいという思いがありながら、発言することなくじっと静かに聞いていた。

このような感情で幼少期を過ごしていた自分を思い出し、「こどもの哲学教室」でほかの子どもたちのやりとりを静かに聞いているだけの子どもの姿を見ると、当時の私の姿と似ているな……と感じるようになった。もちろん、私とまったく同じ感情を抱えているとは限らない。静かに聞いていることが心地よく感じている子もいるだろうし、そっぽを向いていても、自分の思いを表現するタイミングを待っているのかもしれない。しかし、もしも私と同じような感情を抱えていて、本当は自分の感情を表現したいのに諦めている子がいるのであれば、私と同じような思いはしてほしくないと思った。

それから私は日々の保育の中で、いつもなんでも自分のことは自分で対応し保育者に頼ることの少ない子たちに目を向けることを心がけ、こちらから積極的に関わりを持つことにした。そうすることで、「他者が自分のことをちゃんと見てくれているんだ」と子どもたちに実感してもらいたかった。作品を作っていたら「その作品すてきやな！　〇〇くん、いつもいろいろな素材を工夫して作ってるよね！」と声をかけたり、その作品をお集まりで紹介してもらい、他の子どもたちに自分を表現する場を作ったりした。すぐに子どもたちの姿が変わることはなかったが、これを継続し、自分を受け入れてくれる人がいる嬉しさや、自分を表現する楽しさを感じられるようになればいいなと思っていた。

年度が替わり、子どもたちは年長になった。年中児から「こどもの哲学教室」を経験したり、それ以外でもクラスのお集まりの場などで対話の時間を大切にしたりしていたこともあり、子どもたちは自分の思いを保育者や友だちに聞いてもらえる喜びを感じることが少しずつ増えていった。そうは言ってもまだまだ自分の思いを通したい気持ちの強い子が多かったように思う。

ある日の散歩中でのこと、

保：保育者　A、B：子ども

保「この石おもしろい形やなぁ」
A「さかなのかたちにみえる！」
保「ほんまや！」
B「え、さかなにはみえへんやろ」
A「こうやってみたらさかなやん」
B「そんなわけないやん」
保「Aくんにはさかなにみえるんだって」
B「へんなの」

Bくんは先に述べた、「こどもの哲学教室」の時間中、特に自分から発言はせず黙って静かに聞いていた子のうちの一人だ。静かに聞いていても、自分の思いはしっかりと持っていることは、ほかの子どもたちの対話の様子をじっと見つめるその瞳からにじみ出ていた。それなのにみんなの前で発言することはなかったBくんだったが、年長児になり、少しずつ自分の思いを表現するようになっていた。しかし、いつも自分の思いと違う場面や意見に遭遇すると相手の意見や状況を否定してしまうところがあった。この散歩時のやりとりのように、自分の考えが正解であり、それに反するものはすべて間違っているとジャッジしてしまう。そんな姿が気になった私は、他の友だちの意見にも耳を傾けたり、受け入れたりすることができるようになれば……と思い、「こどもの哲学教室」を進めてくれる山田さんにどのような対話の時間を持てばよいか相談した。すると山田さんはおもしろい方法で「こどもの哲学教室」を進めて下さった。

山田さんはその日トリックアート（後ページイラスト）を使ったゲーム形式で「こどもの哲学教室」を進めた。子どもたちに一つの絵を見せ何の絵に見えるか答えてもらう簡単なゲームだ。その絵は縦方向に見ると馬に見え、横方向に見るとかえるに見える絵だった。

B「かんたんやん！　うまやろ！」
A「かえるにみえる！」
C「ペガサスにみえる！」
D「さかなや！」
B「え⁉　なんでかえるにみえるん？　うまにきまってるやん」
山田「正解は、うまにみえたひとも、かえるにみえたひとも、ペガサスもさかなもみんな正解です！」

B「え！　そうなん!?」
山田「この絵はいろんな見え方をする絵なんだよ。見た人がかえるだと思ったらかえるだし、馬だと思ったら馬だし、いろいろな見方ができるんだよ。だから、みんな正解！」
B「……」

Bくんは「みんな正解」ということばに衝撃を受け、くりくりした瞳をさらに大きく見開き、しばらく驚いた表情のままでいた。同時に自分の心の中で思いを巡らせ考える姿があった。「こどもの哲学教室」が終わった途端Bくんは私の所に来て、その驚いた表情のまま話を始めた。

Ｂ「あれってかえるも正解なん？」

保「そうやで。その人がかえるに見えるって思ったらかえるが正解なんだって。先生もかえるにみえてん」

Ｂ「え！　そうなん⁉　ぼくはうまにみえた」

保「それでいいねんで。うまも正解！　Ｂくんがそう思ったら正解やねんで。みんな違った見方があるからな」

Ｂ「そっか……」

そう言って納得したのか少しほっとした表情を見せ、遊びに戻っていった。

今までＢくんは何かを考えるときは正解が必ずあり、それは一つしかないものだと思っていたが、この「こどもの哲学教室」をきっかけに正解はたくさんあっても良いこと、一人ひとり感じ方、考え方が違うこと、またそれが違っても良いということに少しずつ気づき始めた。その後彼は自分と違う意見を聞いても以前のようにすぐさま否定することはなくなった。しかしなんの抵抗もなくすっと受け入れることはまだ難しく、ぐっと自分の口の中に異物を含み、そこから必死にかみ砕いて苦しそうに呑み込む様子が見られることが続いた。彼の葛藤を私たちはしばらく見守ることにした。

ある日の散歩で大きな雲を発見した子どもたち。ふわふわした大きな雲。それは見る人によっていろいろな形に見える雲だった。

A「ひつじみたいなくも！」
保「ほんまやなぁ。ふわふわしてる」
B「ぼくはふわふわしてるからわたあめみたいって思ったけどひつじにもみえる！」
C「わたしはおはなのかたちにみえる！　でもみんな正解やんな！」
保「そうやなぁ。一人ひとり見え方はちがうもんな」
B「そうやで！　みんなちがっててていいもんな！」

この会話の中でのBくんの発言に私は驚いた。今までのBくんならば「ひつじにはみえへんやろ」と否定していたと思う。また受け入れても苦しそうにしていたと思う。しかしBくんは苦しむことなく相手の意見を受け入れ共感し、また素直に自分の思いを伝えることが出来ていた。また、ほかの子どもたちもいろいろな考え方、感じ方があってよいことを理解し、それをさらりといとも簡単に互いに認め合うことが出来ている姿に大きな成長を感じた。

それから少しずつ相手の意見を受け入れ、認め合えるようになる子どもたちが増えていき、そのうち季節は冬になった。卒園を間近に控えた子どもたち。造形活動を楽しんでいる子がいるとそこでこんな対話が広がった。

B「Aくんてほんまに作品をつくるのじょうずやなぁ」
A「そうやろ？　でもBくんははしるのはやいやん」
B「Cくんはサッカーうまいよな」

と、お互いのすてきなところを認め合う会話が自然と出てきた。

C「ぼくは走るの苦手や」
D「苦手なことはだれにでもあるで。でもほかにいいところあるやん。みんなにやさしいところとか！」
保「みんな友だちの素敵なところよくみてるねんなぁ」
C「あたりまえやん。人はそれぞれちがうねんから」
保「そうやな。もしみんな好きなことも得意なことも一緒やったらどうなってたんやろ？」

D「そんなんおもしろくないやん。みんなちがうからおもしろいねん」

このような対話を一緒に楽しんでいる中で、Bくんだけでなくほかの子どもたちみんなが一人ひとりを認め合い、みんな違っているから面白いのだと感じていることを実感することができ、私はとても嬉しかった。それと同時に、自分の得意なことを発信できるだけでなく、自分の苦手なところを相手に伝えられる勇気ということにも驚かされた。大人でも自分の苦手なことを人に伝えるのは勇気のいることだと思う。どこかばかにされるような気がしたり、こんなこともできないのかと思われたりすることが嫌でなかなか言えないことなのではないか。しかし、子どもたちの間には、みんな違って良いという認識があり、どんなことを言っても否定されることなく受け止めてもらえるという関係が構築されていたからこそ伝えられたのではないかと思う。

「こどもの哲学教室」をきっかけに、互いの考えの違いを認め合う力だけでなく、自分の思いを素直に伝えられる力や団結力も同時に育っており、改めて子どもたちの力の素晴らしさを実感することができた。

今更ながら告白すると、トリックアートを見た時、私自身も「うま」か「かえる」という二択の見方しかしていなかった。子どもたちから「ペガサス」や「さかな」に見えると言われた時には、私も知らず知らずのうちに正解は二つしかないというように決めつけてしまっていたのだということを自覚した。この経験を通して子どもたちが成長したと同時に私自身も正解は一つではないことに気づくことができ、今までよりも広い視野で物事を考えることができるようになった。

冒頭で述べた、年中児の頃あまり自分を表現したり保育者に頼ったりすることの少なかった子どもたちは、私がその子たちのことをちゃんと見ていることが伝わるように積極的に関わり続けた結果、以前よりも自分を表現する姿が確実に増えた。みんなの前で堂々と意見を言えるようになったり、活動に積極的に参加したりするようになった。それは私の力だけでなく、

「こどもの哲学教室」の取り組みを通して子どもたちみんなが一人ひとりを受け入れたり、意見の違いも認め合えるようになったりして成長したことがその子たちの心を動かしたのだと思う。保育者や友だちがちゃんと自分のことを見ていることや自分の思いが否定されることなく受け入れてもらえることに気づき、自分を表現できるようになったのではないかと感じている。幼少期の自分の経験があったからこそ、考えられた子どもの気持ち。これからも、なんでも自分でできる子どもたちが頑張りすぎていないか、本当の気持ちを我慢していないかというところに気づいてあげられる保育者でありたいと思う。

「こどもの哲学教室」の取り組みを通して、私は子どもたちが感じたこと、発見したことにより一層共感することができ、寛容な心を持つこ

とができるようになったと思う。私は「こどもの哲学教室」の取り組みは子どものためだけのものではなく、保育者にとっても大きな影響を与えてくれるものであることに気づき、子どもたちにとってのより良い保育を追求することが私自身楽しくなってきている。今後も子どもたちのありのままの姿を受け入れ、認め合う姿を大切にしながら保育を楽しんでいきたい。

子どもに見えている世界と自分が見ている世界の違いに気づくために——支援が必要と言われたAくんと私

私は認定こども園で働き始めて四年目を迎えようとしている。これから書く話は、私が新卒で就職して初めて受けもった子どもたちの成長と、彼らと一緒に過ごす中での私の心情の変化を書き起こしたものだ。

就職した春、私は初めてAくん（当時二歳児）と出会う。そのときすでに彼のそばには、どんなときでも彼を優しく受け止めてくれる大好きなベテランの先生の存在があった。普段から支援が必要な彼は、意にそぐわないことがあると、奇声を上げたり暴力を振るったりはたまた走り回ったり、さらには自分を痛めつけたりしていた。

気持ちが荒れて自分で自分をコントロールできなくなったとき、彼にはどうしてもそのベテランの先生が必要だった。子どもたちのことを分かっていない私の目にも、彼とそのベテランの先生の間の信頼関係の強さは一目瞭然だった。気持ちが荒れているAくんに一年目の私が寄り添っても、落ち着くどころかさらにヒートアップするだけだった。ほかの子どもたちとは徐々に関係ができ、中には私のことを大好きだと言ってくれる子もいた。しかし、彼とだけはどれだけ時間が経過してもほとんど関係は変わらなかった。

最初の一年が終わろうとする三月のある日、翌年度は幼児クラスに進むAくんの担任に決まっていた私は、彼との関わり方の勉強の一つとして散歩に行く道中彼のそばで援助をしてあげてほしいと当時の彼の担任の先生に頼まれた。言われるがまま私は散歩中の彼のそばに付き添った。するとAくんは急に走り出した。突然のことに戸惑い焦った私は、Aくんの気持ちよりも自分の気持ちを優先した。焦る気持ちをどうにかしたいと、彼をつかまえ手を強く握り歩き続けた。


「もうすぐ公園だね。たのしみ？」

「いかない！　ばか！　きらい！」

「うん、そうだね。いやだね。きっと公園に着いたら、たのしくなるよ」

「……（泣く）」

私は心の中で「支援が必要な子どもは関わるのが難しい」とつぶやいた。彼も泣いていたけれど、私にはこの程度の会話をするだけでも精一杯でこっちが泣きそうだった。

この日、仕事終わりにもっともっと彼と関係を築いていかないといけないと強く思ったのを覚えている。そして帰り道、「彼は何をしようとしたのだろう。彼はベテランの先生と一緒に歩きたかったのではないか」といろいろ考えた。今になれば冷静に彼の気持ちを推測する心の余裕があるのになぜあの時にはそれができなかったんだろう。彼が走り出した時にそれを考えることができていたら、彼はもっと散歩を楽しんでいたかもしれない。もうあの時の彼の気持ちはわからないが、その時私が決めた保育士としての目標は「一人ひとりが持ついろんな個性を受け止め、一人ひとりに応じた関わりができる保育士になりたい」ということだった。

いよいよ年度が替わってAくんも私も幼児クラスとなり、彼は大好きなベテランの先生と離れることとなった。その先生がいないこと、そして環境の変化のために四〜五月の間、彼は荒れに荒れ、友だちに噛みついたり、おもちゃを部屋中にばらまいたり、保育者を蹴ったり叩いたりすることが頻繁に続いていた。私は自分の持っている数少ない保育の知識と技術のつまった引き出しをすべて開け、「この関わり方はどうか」「これがだめならこっちはどうか」と探り探り毎日を送っていた。それでもなかなかうまく事は進まず悩む日が続いた。彼が何かを訴えようと奇声を上げたり、ものごとが上手くいかず泣きじゃくったりするように、私にだって泣き叫びたい日がたくさんあった。ただつらいながらに、簡単に人は変わらないのだと思い知った。彼と関わる中で、「子どもだから大人の言うことを聞かないといけない、大人だから子どもに指示をしてもよい」という概念が私の中から少しずつ消え、「子どもだから、大人だから」と区別せず、生きてきた年数に囚われず、対等に過ごしていこうと自分の中での考え方が育ち始めていた。そして「これが自分の身に起こったことだったら……」といったん彼に共感することから始めた。私は自分が大好きな人がそばからいなくなることを想像しながら、彼と向き合うことにした。

そして、まだまだ彼との関係に進展がない中、三歳児の彼と保育士二年目の私にとって初めての「こどもの哲学教室」が始まった。

第一回目の「こどもの哲学教室」では、Aくんは活動内容が分からない不安と、独特な部屋の雰囲気に戸惑いを隠せず奇声を出し走り回り、友だちの輪の中に入ろうとはしなかった。その彼と一緒に走り回る友だちもいた。私はその子どもたちを険しい目で見ていた。その中で、きちんとルールを守ろうとするBちゃんひとりが座ってAくんたちの様子をじっと見ていた。彼女はAくんの姿をどう思っているのか。私は目の前でくりひろげられる情景に戸惑い、この場がうまく進まないこと、彼女の感じる居心地の悪さに対して自分の感情が焦ることを禁じえなかった。

私の心は「こどもの哲学教室」の日を迎えるたびにストレスを感じていた。なぜこの空間で山田さんは笑顔で子どもたちと関わることができるのか不思議だった。私なら「走らないで座ろう」と注意をしたくなる。自分からそのことばが出そうになるのをこらえ、子どもたちを見守ってみようと決めた。でも、自分で決めたことが「こどもの哲学教室」に参加するたびストレスを大きくする。どうしたらよいのか分からず、五歳児を担任する同期の同僚に、仕事終わりの帰り道、相談した。

「おはなしのかい（『こどもの哲学教室』）で、子どもらがAくんと一緒に走り回るねん。それ（その行動）を止めたほうがいいのか、受け入れて子どもらがこの時間を楽しいと思えるまで待つのか、どっちがええんやろう」

「考え方って人それぞれやから、人が十人いれば、十人分の考え方があるよね」

彼女のこのことばに「そりゃ、そうだな」と思った。考え方に対してそのように捉えることのできる彼女を尊敬した。そのように捉えてみようと思えた時、少し気持ちが軽くなったように感じた。

そして何度目かの「こどもの哲学教室」の日。この日彼が興味を示したのは、部屋を薄暗くするためにぴったりと閉じられたカーテンのわずかな隙間から漏れる太陽の光だった。カーテンを開け閉めし、明るくなったり暗くなったりする部屋の様子や、その場にいる友だちが彼の動作やカーテンや光の変化に反応して声を上げたり自分のそばに寄ってくることを嬉しそうに確かめていた。その行為がその後の「こどもの哲学教室」でも続いた。しかしそんな「こどもの哲学教室」を数回体験した頃、周りの子どもたちに変化があった。彼がカーテンを開け閉めしてもほかの子どもたちは反応しない。私はその場でたくさん考えた。どうして彼のこの行動に見向きもしなくなったのか。無視しているわけではなさそうだ。子どもたちは違うものに興味を示しているのか。それとも彼そのものを受け入れたのか。周りの子どもが彼のことをどう思っているのか。わからないまま数日を過ごした。

学年別で活動をする日、三歳児だけで行ったお集まり（各クラスでの集会）時、Cくんが発したことばで子どもたちの思いを知った。

私が読み終わった絵本を膝の上に乗せ、活動内容を話す。その絵本を静かに手に取り、友だちから離れた位置でその本を読み始めたAくん。

「えほん、とったらあかんで！」

「はなしきいたほうがいいよ！」

と、子どもたちからAくんに指示的なことばが続いた後でCくんが、

「あ、Aくんはそのえほんがよみたいんか。じゃあ、きょうなにするかは、あとでせんせいおしえてあげたら？　ぼくおしえてあげてもいいで」

とAくんの行為に理解を示すような発言があった。それに刺激されたのかその後も、

「あ！　それがいいとおもう」

「いまはきっと、（Aくんは）えほんのきぶん！」

ということばが続いた。Cくんが Aくんの行動を受け入れたことで、周りも彼を受け止め始めた。

その頃には私もAくんとの関係が変わってきていた。彼がどう思っているのか、その都度たずねたり、トラブルがあった時には一緒に解決策を考えたりした。そして、彼が伝えようとした思いが伝わった時には、一緒に喜び、彼が大好きなベテランの先生にも報告した。

しかし、それでもAくんにとっては、まだ先生や友だちが自分を見ていないと映ることがあった。

私が「おはなしのかい（『こどもの哲学教室』）楽しい？」と問うたことをきっかけに彼とやりとりが始まった。

「ともだちは、きらきら（光）がいやなのかな」

「どう思っているんだろうね。友だちの気持ちを考えるって難しいね」

「ぼくのこときらい？」

「そんなことはないと思うよ」

「そんなのわからないじゃないか！」

「じゃあ、先生と一緒に友だちのこと観察してみる？」

「……観察してみる！」


私は彼が友だちの思いに触れることができれば、彼の中で友だちの存在が今までとは異なるものになるかもしれないと思い、虫の観察が好きだった彼に、「一緒に『友だち観察』をしよう」と提案した。彼は友だちと虫の観察をしながら、友だちを観察するのと同時に、この頃から友だちとよく遊ぶようになり、友だちの表情やことば、行動に目を向けるようになった。そのように変化した彼を見て私は、

「子どもの力はすごいな」

と強烈な、ショックに近い気持ちになった。彼や子どもたちのここまでの成長にすごく感動した。以前私が抱えていた霧のようにモヤモヤした悩みには薄日が差し、毎日が楽しくなっていた。今日の「こどもの哲学教室」では子どもたちはどんな話をするのか。どん

な気持ちを伝えあうのか。彼はどんな表情や行動をみせてくれるのか。私の中には少しの不安と大きな期待が同居するようになっていた。でも、これは彼や子どもたち、私、みんなの成長過程に過ぎない。彼らはさらにここからぐんぐん成長する。

あるとき、Aくんは二つの壁にぶつかる。「自分の気持ちを話したいがうまく伝えられない悔しさ」と、「伝えたいことをわかってもらえない苦しさ」の壁だ。話すときにうまくことばを組み立てられないAくんと友だちの間には、気持ちを伝える橋渡しのために大人の援助が必要だった。気持ちをことばでうまく伝えられない自分自身の不甲斐なさに彼が怒る日もあり、上手く言えたと思ったことばも分かってもらえずに泣きながら友だちに怒る日もあった。それでも、園生活に加え療育相談機関で、気持ちを表現し、受け止めてもらえる経験を積んでいたAくんは、三カ月ほどで語彙数が増え、伝える力が急激に伸びた。様々な場所での彼の頑張りが積み重なり、高かった二つの壁はかなり低くなった。彼が自分の気持ちに折り合いを付けながら保育者と一緒にその壁に立ち向かえば、簡単に乗り越えられるくらいだった。しかし、哲学の活動のときに大きな声を出すことや走り回ることが無くなったわけではない。その日の気分や思いによって発言や行動が左右されやすい彼の個性を、その場にいるみんなで受け止め、全員で「こどもの哲学教室」を続けた。それができたのは彼を皆が受け入れていただけでなく、彼自身も周りの友だちの姿を受け止められるようになったからだと思う。

自分を受け止めてもらいながら過ごせるこの空間は彼にとって心地よいものに変わり、友だちに話をしてみたいという気持ちを掻き立てた。四歳児になった年の半ばには、Aくんは、友だちの輪の中に入って一緒に座る時間は少ないが、同じ空間で友だちの話やその日に展開されていく内容に耳を傾け、発言はしないがたくさん考えているような姿を見せるようになった。徐々に、自分から友だちの輪の中に入り始めた。

始まりの合図。火を灯す。そして自分の今の気持ちや気分を伝える「ごきげん調べ」(今の気分や気持ちをお互いに聞きあう)をする。Aくんの名前が呼ばれ、「Aくんおはようございます」と声をかけられて今日の気分をたずねられたあと、今までとは違い「はい。おはよう。ばっなっな〜! ぼくはかあちゃんとばななをたべた!」と笑顔で返答した。捉え方によっては、それで気分を伝えているのか、と疑問に思うかもしれない。しかしその時のAくんの嬉しそうな表情やことばから、「今、すごくうれしくて幸せな気分」ということが感じ取れた。私の記憶では、「こどもの哲学教室」で彼が友だちに初めて自分の気持ちをことばで伝えられた瞬間で、また友だちに思いを聞いてもらえた瞬間でもあったと思う。発言した後、より一層笑顔が輝いたのを覚えている。ここからまた、Aくんはできることが増え、彼自身も友だちとの関係が深まっていることを実感した。

この頃私の考え方にもまた変化が生まれた。子どもが思うことやしたいことを否定せず、気持ちに添ってみよう。彼らの気持ちを受け入れることで、私自身の力にもなる気がする、と、前向きな考えになっていた。Aくんのことを知ろうという目標を掲げたことが、Aくんのみならず他の子どもたちのことを知るきっかけになったということに後から気づいた。人は大人になれば成長が止まるものだと思っていた。でも私自身、今の私を見て、大人になっても成長することができるのだと知った。大人になっても、気づかないだけでみんな成長しているのだろう。

「こどもの哲学教室」を始めてから、二年ほど経とうとしていた時、山田さんから子どもたちへ「『幸せ』ってなに？」という問いかけがあった。Aくんはそのとき「こどもの哲学教室」の空間のなかで一番安心できる場所に寝転がって話を聞いていた。しかし、その質問を聞いた瞬間立ち上がりカーテンの隙間から漏れる光のそばへゆっくりと歩きながらしばらく考えた後、くるりと向き直って山田さんのそばまで走って行った。そして、

「ぼくはね、食べることが一番の幸せだよ」

と満足そうに一言伝えると、すとんと山

田さんのそばに座った。この一連の彼のことばや行動から私たちは多くのことを感じた。

「ぼ、く、は、ね」

ということばで、友だちの思いも受け入れることができたことが伝わってきた。さらに、自分の思いも自分のことばで伝えることができたこと。友だちに聞いてもらえた心地よさ。対話をする友だちの輪の中で自分も一緒に活動ができたこと。きっと彼は自分の成長に気づいている。

対話をする中で成長する子どもたち。それぞれいろんな思いや考えを持っている。ことばにできなかった経験から学ぶこと。ことばにできたことで学んだこと。伝わった嬉しさから学んだこと。子どもたちは自

分自身の成長を感じたと思う。私はその成長を一緒に感じ、一緒に喜べることを嬉しく思う。

四月から五歳児になったみんなと私。私は自分の考え方の変化に驚いてばかりだ。春先、園にたけのこが届いた。「五歳児の活動でどうぞ使ってください」という、ありがたいプレゼントだった。まるまる一本のたけのこだ。

「さてさて、このたけのこでなにがしたい？」

「クッキング！」

「たけのこスタンプがしたい！」

「ふねをつくりたい」

「あそびにつかうのもいいなあ」

「たけのこクッキーはどう？」

「おいしそう！」

「ミックスジュースにするのはどう？」

「いいやん！　やりたい！」

「じゃあ、はんぶんはクッキー。はんぶんはミックスジュースにしよう！」

と、決まった。この場にいた私ともう一人の担任は声では「おお！　いいかも」と笑顔で返答したが、ほんとうは「え!?」と驚いたことは子どもたちには内緒にしておいた。驚きはしたが、私たちはこの考えを否定しようとは思わなかった。なぜかやってみたいと思った。そしてクッキング当日。できあがったクッキーとミックスジュースはどちらともおいしかった。子どもたちから学ぶものはなんて多いのだろう。子どもたちには大人をも変える力があるんだ。以前の私なら、こんな選択は絶対にしない。でも、やってみようと思えたのはこの「こどもの哲学教室」を通して知った子どもたちの思いや、変化した自分の考えに気づかせてもらえたからだと思う。気づかせてくれた子どもたちにありがとうと言いたい。考えが変わると今まで見ていた世界の色も変わって見える。たくさんの人に「こどもの哲学教室」に参加してもらい、目の前の世界が変わること、大人でもまだまだ変わることができること、いろんなことを知ってほしい。身近に転がっている可能性に期待をする毎日が楽しくて仕方なくなるだろう。

これからの毎日、子どもたちの成長や変化、また私自身の変化が楽しみだ。

ことばだけの対話では子どもたちの心は開かない

「子どもだからできないだろう」と知らぬ間に大人が子どもの可能性を決めつけてしまっている時はありませんか?

私が初めて「こどもの哲学教室」の実践を知ったのは、学生時代にいまの勤務先で実習をしたときだった。子どもと哲学なんて、そんな難しそうなことを子どもができるのだろうか……と正直初めは疑問に思っていた。だが年長クラスの「こどもの哲学教室」を見学したとき、子ども同士が友だちの意見を否定することなく、途中で割り込まず最後まで話を聞き、対話をしている姿を見て驚いた。

大学の授業を通じて自分なりに学んだことは、何をするにも子どもの活動には保育者や大人が介入しなければいけないということだったが、それは実は思い込みで、子どもの可能性を勝手に決めつけている自分がいたことに気が付いた。真に子どもの意見を尊重し、自主性を大切にすることによって子どもの可能性は大きく広がるのだと感じ、この実習を通して子どもに対する私の気持ちや保育で大切にしていきたいことががらりと変わった。そんな経験をし、私は今の勤務先に新卒で就職した。そして私はこの園で保育教諭になって二年目の時に三歳児クラスの担任になった。この話はそのときに出会った子どもたちと私に起こったことだ。

「こどもの哲学教室」

三歳児の子どもたちにとっては初めての経験。薄暗い部屋にろうそくが一つ。「自分の体をそまつにしないで、自分で守る」「友だちの意見を否定しない」「友だちの話は最後まで聞く」。この三つのルールを守ること。それだけが毎回の「こどもの哲学教室」での決まりだ。実習で見た当時の年長クラスの子どもたちのときとは違って、三歳児の子どもたちは自分の気持ちを一方的に伝え、友だちの意見を聞いたり静かに輪になって集まったりすることが難しかった。そんな子どもたちが対話なんてできるのだろうかと不安な気持ちが大きかった。初めての「こどもの哲学教室」が始まる直前、子どもたちが私に聞いた。

「おはなしの会ってなに？」（注：子どもたちは「こどもの哲学教室」の時間をこう呼ん

でいる）

「山田さんがみんなの話を聞きに来てくれる時間だよ」

「それっておもしろいの？」

「楽しい時間になると思う。話したいと思ったことを話してみればいいからね」

「ふーん……そうなんや」

と、素朴な疑問を抱いている様子が見て取れた。

そして初めての「こどもの哲学教室」の時間を迎え、普段なら「自分の話を聞いてほしい！」という気持ちが強く表れる三歳児が、「こどもの哲学教室」という日常と異なる場では何を話したらいいのか戸惑っているようだった。反面、初めての場所で気持ちが高ぶったのか、部屋を走り回っている子が多かった。私は段々と不安な気持ちが大きくなるのを感じながらそのうちのひとりAくんに声をかけた。

「みんながお話ししているよ」

「……」

「Aくんが話したいことも話してみたらどうかな？」

「いやや。話したくない」

それだけ言ってまた彼はその部屋の中を走り始めた。

その様子を見て、この学年はこの後「こどもの哲学教室」で友だちと対話できるようになるのかと、さらに不安な気持ちが押し寄せた。

しかし忘れてはいけないことは、「こどもの哲学教室」では三つのルールを守っていればどんな姿勢で参加してもいいことだ。そんな「こどもの哲学教室」での子どもたちの様子は回数を重ねるごとに変化していった。


私たちは子どもたちの日常の様子から彼らは様々なことに興味を持つことは当然理解していた。特に「音」に敏感なことに気づいた。そこでいつも「こどもの哲学教室」の前後に担任等と山田さんとで実施している振り返りの場で話し合い、次回は「音」に関するテーマで「こどもの哲学教室」を進めることにした。生活音や自然の音を何の音であるか伝えずに子どもたちに聞いてもらい、どんな音に聞こえるか伝え合うということを試すことにした。私たちはインターネット上でフリーの音源素材集のサイトを見つけ、タブレット端末を持ち込み子どもたちの前でまずは「水音」を選んで流した。

するとどうだろう。今まで話の輪の中に入らなかった数人の子たちが、「音」に反応し、自ら輪に参加していった。そのうちの一人だったAくんに声をかけた。


「ねえねえ、なんか音が鳴ってるで」

「何の音?」

「何の音やろう? もっと聞きにいってみたらいいんちゃう?」

「あ! 聞いたことある音や!」

「どんな音に聞こえる?」

「うーん……。川の音っぽい」


と自分の感じた気持ちをことばにして伝え始めた。

その姿を見て私に衝撃が走った。ことばではない、違った媒体を選んだだけでこんなに

も子どもの姿は変わるのだ。水が流れている音を聞いて、

「川の音に聞こえる」

「水や。水の音」

と言う子もいれば、

「どんな音に聞こえる？」

「上から下に流れてる感じに聞こえる」

「なるほど。水が落ちている音みたいな感じ？」

「上から落ちてるみたい」

と、情景を想像している子もいた。別の音を流すと、

「風が吹いてる音や！」

と言って実際に風を浴びているような表情をする子もいれば、

「おばけが出そうやな」

という子もいた。

「怖い音に聞こえるから？」
「うん。おばけ屋敷で聞いたことある。こんな音が鳴ってるときにな、おばけが出てきてん。めっちゃ怖かったもん」
「それは怖そうやな」

と違ったイメージをもち、その時の思い出を話す子もいた。

このように子どもならではの視点や、一人ひとりの違った感受性に、保育者である私自身そんな感じ方もあるのだと新たな発見だった。

「音」に関するテーマで「こどもの哲学教室」を進めていく中で、生活音や自然の音だけではなく、サイレン音などメロディーを伴うものを流してどう感じるか子どもたちに問うてみた。何か似ている音に例えたり、「怖い感じ」と抽象的に表したり、子どもたちの想像がさらに膨らんでいた。この「音」に関するテーマで「こどもの哲学教室」を行ってから、三歳児たちの「こどもの哲学教室」に対する姿勢が大きく変化したように感じた。

保「今日はおはなしの会があるよ」
A「今日は何するん？　前は音聞いたよな」
保「そうやな。今日もいろんな音聞くんかな？」
A「やった。楽しみ。どんなゲームするん？」
保「今日は違うゲームするかもしれんなぁ」
A「真似っこゲームまたしたい！」
保「自分でみんなに提案してみる？」
A「わかった！」

と興味と期待に溢れることばが出るようになっていた。

また、「こどもの哲学教室」で「友だちの意見を否定してはいけない」「友だちの話は最後まで聞く」というルールを守っていくうち、普段の園生活の中でも友だちとけんかになった時やお集まりの時にもこのルールを意識している姿も見られるようになった。

A：子ども　B：子ども　保：保育者

A「最後まで話聞きや」
保「ありがとう。友だちに教えてあげてくれたん？」
A「うん。おはなしの会で山田さんが言ってたもん」
保「そうやな。山田さんが言ってたこと覚えてるんやな」
A「覚えてたで」

また別の場面では、

A「あ、泣いてる。○○ちゃんどうしたん？」
B「あんな、いやなことされてん……」
A「どんなこと？」

Ｂ「いれてって言ったのにいれてくれへんかった」
Ａ「それはいややな。もう一回一緒に言ってみる？」
Ｂ「うん……。ありがとう」

と相手の想いも尊重する気持ちが芽生えていった。

この気持ちの芽生えが、私にとって子どもたちが一番変化した点だと感じている。みんなの輪の中で話すことを恥ずかしがっていた子どもがあとになって、別の場所でその日の「こどもの哲学教室」での取り組みを一人で楽しんでいたり、「こどもの哲学教室」が終わってからその日のテーマについて保育者に話しかけてきたり、その子なりの時間を過ごす姿も増えていった。この頃からこの実践に対する私の不安な気持ちも少しずつ無くなっていった。自分が担任になった当初は以前に見た年長の子どもたちの「対話らしい対話の姿」といま目の前にいる子どもたちの姿を比較していたが、子どもたちの年齢によって姿はそれぞれ違って、興味を持つことも様々で、「こどもの哲学教室」への向き合い方もそれぞれで良いのだと思うようになった。

その後も様々なテーマで「こどもの哲学教室」は実施された。初めの頃は聞かれたことに答えるだけだったり、言われたことを受け入れるだけだったりの姿が多かったが、回数を重ねていく中で、

A「どうして自分の身は自分で守らなあかんの？」

保「なんでやと思う？」

A「けがするから？」

B「危ないからやで」

と疑問に感じたことを問い、考えるようになった。

そんな「なぜ？」と疑問に思う子どもの

率直な疑問を今後も大切にしていきたい。一緒に「なぜだろう？」と考える時間を大切にしていきたい。子どもたちにとっても「こどもの哲学教室」は改めて友だちとの対話を大切にする特別な時間だ。これからもまだまだ子どもたちの気持ちの変化と成長が見られることが楽しみだ。

第三章

ベテランとよばれるようになった自分の経験と向き合うことで生まれる気持ちのゆらぎ

私にとっての「こどもの哲学教室」とは？——それはおとなの私がしがらみから解放される場

私と「こどもの哲学教室」の出会いは同僚を通じてだった。彼女から「こどもの哲学教室」の話を初めて聞いた時には「哲学」＝「有名な学者の小難しい理論」として聞こえ、「〜だから、〜なのだ」のような固いイメージであり、「子どもに哲学って難しすぎるのではないのか？　役に立つのか？　教育になるのか？」さらに「そんなこと、自分には無理。できない」と否定的にとらえていた。

私の疑問や否定的な気持ちをよそに、勤務先の保育所で取り組みが始まった。目の前で「こどもの哲学教室」をしている子どもたちの様子を見ても「なんでも良い時間」「子どもたちがどんな姿勢で参加していいし、こうならないといけないことはない」という説明に、「じゃあ、なんでもありってこと？　注意してはいけないってこと？」

「子どもたちがおのおの好きなことをしてしまったら収拾がつかなくなる。そんなクラスの様子を誰かに見られたら自分の保育の質や技量を問われるのでは？」

「普段の活動の中でも人権を大切に、自己否定や他者否定をしないで全員で自ら発言できる子どもたちを目指してやってきたのに、子どもたちがあまり発言しなかったら？　私たちは目指す保育ができてないってこと？」

「それでなくても日課がたくさんあって時間がないのに、わざわざこんな状態になる『こどもの哲学教室』に時間を割かないといけないものなの？」

と、自分自身の今までの保育を否定されている気がして、そのことばかりに気を取られていた。ところがそんな自分が、組織内でのしがらみというかなんというか偏った考えがなくなったおかげで「こどもの哲学教室」を身近に感じられるようになった。きっかけは職場で開催された職員研修の中で「大人の哲学教室」の時間を設け、実際に自分自身が一参加者になり対話を体験したことだった。その空間の中では全員で話すテーマは決まっていてもそのテーマから離れてもいいし、何より、最後に結論を出さなくてもいいところが今までにない「話し合い」の経験で、その時間が心地よかった。さらに否定されることがなく、「へえ〜そんな考え方があるのか」と言ってもらえる、お互い評価しない世界がさらに安心できる場になるんだなぁと感じた。そうか、子どもたちは「こどもの哲学教室」

でこんな感覚を楽しんでいるのか！

私はこの自分自身の体験を通じて、勇気を振り絞って、今まで自分が立っていた場所からそっと一歩を踏み出すことにした。ここからしばらくは一歩を踏み出した私が子どもたちと一緒に体験したことを、思い出すまま書き留めてみようと思う。

三歳児クラスでの哲学――話さなくてもいい雰囲気

三歳児の子どもたちにとって、そしてその担任である私にとって、自分一人で進める初めての「こどもの哲学教室」の日を迎えた。

テーマは「好きな絵本」。子どもたちに、おのおの好きな絵本を持って来て、そしてその中で特にどのページが好きかを説明してみようと声をかけた。ためらったり恥ずかしがったりしながら一人ずつ「これのここが好き。なんでかっていうと……」と、その子なりに知っていることばを総動員してそれらをつなぎながら自分の思いをことばに乗せて表出する。

ある子に順番が回った。その子は普段からあまりことばを発さない。しばらくみんなで彼が話し出すのを待ったけれど、彼の口からことばはなかなか出てこない。絵本をぎゅっと抱きしめたままの彼に、山田さんが「その絵本が大好きなのね。顔を見ていると伝わってくるよ」と声をかけると彼はなんともホッとした表情を見せた。

それから私は毎月の「こどもの哲学教室」の予定日以外にも普段の保育のなかで突発的に「十五分『こどもの哲学教室』しようか？」と子どもたちを誘った。テーマは子どもたちとその時その時で話し合って決めた。びっくりするくらい全員が「気持ちや考えを言いたい」と話してくれて、十五分という短い時間では足りないこともあった。

五歳児クラスの哲学——他者に寄り添う子どもたち

三歳児クラスの時から「こどもの哲学教室」に触れてきた五歳児。運動会の練習の後に担任から「今日の練習について『こどもの哲学教室』をしよう」と提案する。担任はテーブルにろうそくを置き、開始の合図だけして話の輪の外から参加した。開始早々は「誰から言う？」とざわざわしていたが、自然に進行役を担う子どもが決まり、話し合いが進んでいった。一人の子が「あんな、あんな……」と話し始めると横から別の子が話し始めてしまう。すると、「まだ○○ちゃんが話してるよ」と止める子がいた。そのことばに周りもはっとしていた。他者間のやり取りにも興味を持って、当事者ではなくとも誰かの権利を守ることに手を差し伸べる子どもたちの姿があった。

それから子どもたちと私はいろんなことを話した。数えあげればきりがない。その中からぜひ共有したいやり取りを拾ってみる。

テーマ「嘘」

「どっか行くっていうたのに、行かへんのはうそ」

「わるいうそもあったけど、お母さんが一生懸命作ったカレーが少しにがくても、『にがい』ってゆうたら悲しむから『おいしい』っていうのはいいうそ」

担任「いいうそやったら、うそついていいの？」

「いいうそも、半分は悪いうそ。悪いうそもいいうそも同じうそ」

「同じっていうたけど、悪いうそは、ついたら聞いたひとは悲しむ。良いうそは人が喜んでる」

「いいうそでも友だちがいやっていうたら、ついたらあかん」

「本で見た。はしご登って『シャワーです』ってうそにしてあそぶ」

「（お母さんと）買い物に行くってて言ってたけど、行けなくなった」

「なんで行けなくなったの？　お仕事になったの？」

「うん」

「仕事が急に入ったらしょうがない」

「しんどくないのにしんどいっていうたりする」

「おねえちゃんとけんかして、『後であやまる』っていうて謝らなかった」

「ゲームして眠いのに『眠くない』ってうそついた。だってゲームしたかってんもん」

担任「そういえば、本当はおばあちゃんとお出かけやけど妹には『病院に行く』ってうそついたりしない？」

「するする。おばあちゃんのうちにお泊まりするときに、妹に『お医者さんいくからね』って言って。（すると妹は自分は置いていかれることに泣き出すけど）ママが『じゃお家でお菓子食べよか？』って言ったら泣いてたのに笑うねん」

テーマ「こどもの哲学教室」

担任「『こどもの哲学教室』はどういうことするの？」

「話し合いすること」

「もし火が燃えたりした時に何もわかってなかったらあかんから、いろんな事を覚えること」

「火事がおこったら何もわかってなかったら困るから皆で話し合う」

「いろいろな事を覚える」

「『こどもの哲学教室』の時、人の話を聞く練習」

担任「なぜ、『こどもの哲学教室』をしてると思う？」

「みんな大人になって火事とかになったら困るから」

「先生に怒られるから」

「なんでも覚えてほしいから」

「考える力を持ってほしい」

「小学校に行ったら困るから」

担任「どんなこと困らなくなった？」

「小学校に行ってしゅくだいを忘れない」

「一年生になった時、自分で、頭の中で考えることができる」

「学校に行って先生の話を聞くため」

「楽しい時間」

「しゃべるところ」

「わからんなぁ」

担任「難しいところあった？」

「人を助けるためにあるのかな」

「考える力を付けるため」

「いろんなことを覚えられるため」

「考える力があるようにする」

「人の考える力を取らないため」

「どろぼうがきたとき、どろぼうと話し合いをする」

担任「何で考える力を付ける必要があるかな」

「頭使ったらわかるから」

「困った事をお母さんに伝えたりして二人でがんばるため」

「こどもの哲学教室」後の山田さんとのリフレクション（省察）で、子どもたちとのかかわりが「小学校に向けて」の取り組みになってしまうことについて考える。それまで私は保育所での実践は「小学校に向けて」のためだと子どもたちに伝えていた。しかし何度もリフレクション（省察）を繰り返し、今は、子どもたちと一緒に、「小学校に向けて」だけではなくもっと大きな世界をとらえていきたいと感じている。

子どもたちの発言を聞き「なぜそんな発言になるのかな？」と考えていくことでさらに哲学を身近に感じた。山田さんとの話の中で担任は「素敵だな」と思ったことを伝えていく事も大切だとアドバイスをもらった。大人は何かを教えるためにそこにいるのではなく子どもたちと同様に「こどもの哲学教室」の参加者の一人だから、子どもたちのことばを聴いて感じたことを口にすればいいのだ。評価や批評をするのではなく、気持ちや分からないこと、聴いてみたいこと、驚きや感動など、自分のセンスを口にすればいいのだ。

また「こどもの哲学教室」という時間をどのようにとらえるかも考えた。三つの約束に加えもう一つ大事なことは、自分の時間だけでなく友だちの時間も大切にするということをあげたい。「こどもの哲学教室」は子どもたちが自由にデザインする場ではあるけれど、時間は限られている。また小さな公共空間でもある。公共空間のなかで共有財産である時間をどうやって全員で、共有財産を所有する権利をお互いに担保しつつ公正に共有するのか。この「時間」についてもまた「こどもの哲学教室」で子どもたちと考えていきたい。

子どもたちとの経験や自分が哲学の時間を体験したときの思い、それは、私は「こどもの哲学教室」を広めたいという思いだ。しかしそう思う気持ちが逆に自分を縛ってしまっている気がする。そして私の思いが強ければ強いほど、この思いが周囲に受け入れられないと、その反動でいともたやすく諦めてしまう。「こどもの哲学教室」で実施していることや起こっていることが自分の普段の保育実践とどうつながっているのかも、いざ自分自身に問うとまだ考えや説明がうまくつながっていないように思う。

「こどもの哲学教室」の実践を通じて、自分を「こうであるべきだ」と縛り付けないことの大切さもわかり、また他者の意見を受け入れることができるようになりさらにそれを継続するために、「哲学ということばは難しいから苦手」、「『こどもの哲学教室』をする意味がわからない」「対話なら普段から実施している。対話で十分じゃないか」という意見も受け入れたいし、それを受け入れたからといって、自分の意見や「こどもの哲学教室」の実践を否定しているということでもない。いま目の前にいる人との一対一の会話だけが対話ではなく、組織の中で複数の参加者が複数の対象者相手に話し合いを重ねる対話自体が哲学的な会話といえる。この流れの中でどう対話をしていくことが大切なのか、今年一年考えていきたい。それは「こどもの哲学教室」だけでなくこの社会の他のいろいろな考えについても必要なことかもしれない。

ともだちの絵

大人がこじ開けようとしても開かない。子どもが自ら心を開く場、それが「こどもの哲学教室」

「『こどもの哲学教室』をやってみよう」と誘われた当初は、すでにクラスで実施している子どもとの話し合いと何がどう違うのかわからず、その薄暗い環境や何を話すのか分からない状況に抵抗があった。しかし、知らずして反対する理由もなく興味もあるので何度か見せてもらうことにした。

お互いに動作をまねっこしたり、テーマを決めて子どもたちが思い思いに話す様子を何度か見せてもらったり、様子を聞いたりしているうちに、普段の保育の中でならきっと話さないであろう心の内を語る子どもの姿に出会った。

四歳児と鯉のぼりをテーマに「こどもの哲学教室」をしていた時に、

「鯉のぼりって知ってる？」
「鯉のぼりを飾る順番って決まってる？」

と話が進み、

「おとうさんがえらいから、いちばんうえ」
「うちはおじいちゃん」
「みんなよこにならんだらいい」

とそれぞれが語る中、

「うちはおかあちゃんをうえにしといたらいい」

と発言した子がいた。お母ちゃんが好きというよりも、家族がみんなお母ちゃんには逆らえないから一番にしておくと家庭が平和であるということば足らずの訴えのように感じた。

五歳児の「こどもの哲学教室」で毎回まったく話さない子がいた。しかしながらその子は誰がいま話をしているか示すためのボール（通称モフモフ）が回ってくるとぎゅっと抱きしめ、ほかの話をしたい子どもに渡そうとしない。どうしたものかと考えあぐねていると、ある日とうとう、

「おじいちゃんとおにいちゃんがえらい。ぼくは、あほ」

と語った。それはその子どもがずっと聞いてほしかった心の内だった。モフモフを持っている間は、「これは自分の時間、みんながぼくの話を聞いてくれる」という心地よさを実感していたのかもしれない。

同じ五歳児のなかに四歳児の時はまったく話をせず、ただ聞くだけの時間を過ごした子どもたちが他にも数人いた。しかし、この「話を聞くだけ」だった姿がその一年後、つまり五歳児になったとき、ことばがあふれんばかりに語る姿に変わっていった。卒園までの間、わずかな時間でも、

「やったー！　きょう、てつがくきょうしつや〜！」

と「こどもの哲学教室」を楽しみにする子どもたちへと変わっていった。私にとってはその変化を見つめた二年間だった。

そして今年は三歳児と「こどもの哲学教室」を実施した。三歳児のクラスでは、数人で輪になって話をするだけでもひと苦労。しかし、お互いの動作のまねっこや「好きなあそび」の話をすると、ワイワイと一緒にしゃべりだし、回数を重ねていくうちに「こどもの哲学教室」のルールも身につき定着していった。なかなかクラスの活動に参加できなかったAくんも、イスに座って参加することはなかったが、その部屋を出ることはなくコーナーの片隅で話を聞いていた。

「Aは〇〇がすき！」

と話に入ってくることもあった。三学期にはAくんもみんなの輪に入り友だちの話を静かに聞き「こどもの哲学教室」に参加するようになった。

私たちは多くのことを子どもたちから学ぶ。こちらの投げかけや、うなずき、受け止めのことば、話を展開させる力が弱ければ子どもたちはあっという間に興味を失い騒ぎ出す、もしくはつまらなさそうな様子になる。内容をまとめることはせず、ファシリテーターが静かに子どもの話をうなずきながら傾聴することで、三歳児でも友だちの話を静かに聞くことができた。自分が話している途中に友だちが割り込むと、

「いま○○がしゃべってるからだまって」

と「自分の時間」を守る姿もみられた。

通常実施するクラスでの話し合いは、たいてい担任からの一方通行の言葉がけで話し合いが行われる。果たしてそれは話し合いなのだろうか。クラス全体で話をするとき、大人が期待する答えを一生懸命探している子がいる。またまったく無関心な子もいる。「こどもの哲学教室」では、誰も自分の話を否定しない、聞いてくれる、自分のしゃべる時間が保障され誰も介入することなく話ができる。それは、とても心地よい時間と感じる子どもたちがいる。また継続して「こどもの哲学教室」を実践してきた卒園児の中には、かつて

は自分の意見を強引に押し通し、友だちの意見に攻撃的に自分の意見をぶつけていた子どもがいたが、その子どもも、

「そういうかんがえかたもあるよな」

といつの間にか他者の声を聴くことで友だち関係が柔らかくなったこともあった。そこに私たちが長い間大事にしてきた人権保育に通じるものを感じた。それを理解できたとき、人育てが自分育ちとなっていることを感じる。

てつがくきょうしつ

「こどもの哲学教室」は実は大人が学ぶ「大人の哲学教室」――型を壊して考えること

私は幼稚園で勤務している。ある年私は年長児三十一名の担任になった。子どもたちは前年、つまり年中児のときから一年間「こどもの哲学教室」を実践し、経験済み。一方私はといえば、本格的に「こどもの哲学教室」に取り組むのはこの年が初めてだった。まずテーマをどのように決めればいいのか、どのように話を展開させればいいのか、なにもかもまったくわからない中でのスタートだった。

子どもたちは「こどもの哲学教室」の楽しさを知っていて、「今日のテーマは何？」と嬉しそうな表情で聞いてくる子、自分の話を聞いてほしくてわれ先に身を乗り出す子、まったく発言をしない子、その場でじっとしていることが苦痛で動き出す子……と、本当にさまざまだった。担任である私の隣に座れば一番に発言の機会が回ってくるのではないかという考えから、私の隣に座りたい子どもたちが座席を取り合うこともあった。自分はといえば最初の頃は話を引き出さなくてはいけない、話の流れをうまく持っていかなくてはいけない……と、無意識に子どもをコントロールしようとする気持ちが働いていたように感じる。そんな中で、五月の鯉のぼりの話から、

「家族の中で、順番ってある？」

という話になり、

「ぼくはアホやから家の中で一番下やねん」

と、普段から自己肯定感が低いように感じられていたNくんが、ぽつりと口にした。そのことばを聞いたとき「私は子どもたち一人ひとりがもっと自分に自信が持てるように保育をしていかなければ」という思いが生まれた。

二学期からは随分と子どもたちが自分たちだけで対話を広げていくようになったので、その日に話すテーマは子どもたちが決めたり、子どもたちだけで話を進めて保育者は見守

るだけにしたりすることを試みるようになった。

話し合うテーマは、「なぜ地球の海の水はこぼれないの？」という科学的なことから「なぜケンカをするの？」という日常のことまで、子どもたちが思いついたことを自由に選んで哲学した。自分たちで決めたテーマを子どもたちなりにああでもないこうでもないと話をするのはとても楽しそうだった。年度当初は毎回三十一名の子どもたちを三グループ、各十名前後でランダムに分けていたが、運動会が終わってからは、積極的に意見を言う子ばかりを集めたグループや発言の少ない子ばかりを集めたグループなどグループ分けを工夫して取り組んだ。そのことで前者のグループではファシリテーター役の大人がいなくても、子どもの誰かがファシリテーターになり「その意見いいね」「そういう考え方もあるよね」と相づちを打ちながら展開し、後者のグループは、子どもたち一人ひとりが、少しずつ自分の意見も言ってみようかなぁ、と安心して話し出す姿が見られた。年中組から「こどもの哲学教室」での体験を積み上げてきた子どもたちは、担任の私よりもよっぽど上手に対話を広げるようになっていたので、この頃には、私は見守るだけのこともよくあった。

この年は年度初めから子どもたちの成長過程を比較観察するために「こどもの哲学教室」の実践中、子どもたちの発言数をカウントしていたが、年度の初めの頃には発言数の多かった子が後半では少なくなってきて、逆に発言数の少なかった子がどんどん発言してカウントされる発言数が逆転するようになってきた。その理由は今まで黙っていた子が発言したい意欲が出てきたことと、今まで自分の話を聞いてほしい気持ちが強かった子が、人の発言に耳を傾けられるようになってきたからだった。子どもたちが変化する様子を目の当たりにして、そこから「こどもの哲学教室」に身を置く自分自身の変化に気づいたのは、子どもが何を話そうとも話がどんな方向に向かおうとも、大事なのは最初の約束がきちんと子どもに伝わっていればいいと思えたことだった。

二〇一九年度の三学期はコロナの影響で二月末に突然の休園となった。そのためにやり残したこともいろいろあったが、それでも子どもたちの成長を十分感じた「こどもの哲学教室」の時間だった。「友だちって何？」というテーマで子どもたちだけで話をしたときは、ひとりの子が、

「先生は私の仲良しは○○だと思っているかもしれないけど、本当は違う。(仲良しとい

うだけではなく）○○が私を支えてくれている」

という話を始めた。そこから自分を支えてくれる友だちが存在すること、お互いに支えられていることを話してくれた。同じ幼稚園に通っていても住んでいる地域によって小学校は離れてしまう子もいたが、自分の存在を認めてくれる仲間がいたことで離れても大丈夫と自信につながった子がおり、また以前は自分のことを「アホやから……」と言っていたNくんも、自分を支えてくれる友だちがいること、そして相手も自分の存在を支えにしてくれていることをこの「こどもの哲学教室」で知ることができた。

「こどもの哲学教室」を通して、私自身の子どもとの関わり方が変わったことを実感している。自分の考えを否定されるのは大人、子どもにかかわらず悲しい。いつのまにか「話して傷つくなら、なにも言わない方が傷つかないで済む」と黙ってしまう。でも、なにを話しても否定されない環境の中で自分が考えたことを語ることができる安心感は思考する楽しさを育み、自己肯定感につながっていく。どうしても大人の価値観を基準に子どもになにかを伝えたくなることもあるが、主体的で対話的な時間を持つことで、子どもたちが新しい価値観に出会えることを私自身が学ぶことができた。転入生も加え最終的に三十二名になった担当のクラスの子どもたちとの一年間の「こどもの哲学教室」の時間は、とても楽しく貴重な経験になった。

がまんと理性の訓練の場ではない。自分の感情を話していいのが「こどもの哲学教室」

年中の四歳児、年長の五歳児と、二年通して月に二度のペースで「こどもの哲学教室」に取り組んできました。

「こどもの哲学教室」ではまず「火を触らない」「人の話は最後まで聴く」「人の話を否定しない」という三つの約束を、必ず対話を始める前に子どもたちと確認をしました。テーマは子どもたちの姿を見て考えたり、年長の三学期からは子どもたちがテーマを決めて、そのテーマについて対話を行ったりしてきました。

年長の二学期、グループ活動の時間に、気持ちのすれ違いからひとつのグループでトラブルが起こりました。お互いに暴言を吐き合う姿にどうしたらいいのか私自身も悩みました。他のグループの子どもたちにどうしたらいいのか意見を聞いてみたくて、「こどもの哲学教室」のときに子どもたちに聞いてみました。
私「何でケンカってするんかなあ？」
A「嫌いやから」
B「仲良くしたくないから」
私「嫌いやったらケンカするん？」
C「……嫌いやったら遊ばへん。一緒に遊ぶからケンカになる」
私「そっか〜。じゃあ、仲良しやからケンカしちゃうってこと？」
D「好きやから、一緒のあそびしてくれへんかったら悲しいし、怒っちゃう」
と友だちの意見を聞き、じっくり考える中で、ケンカへのマイナスイメージが、友だちと仲良くするためには必要な事という深いところに気付けたようでした。
また対話中に、
E「いつもFに叩かれて嫌な気持ち……」

私「なんで叩いてくるんやろう？」
Ｅ「うーん……」
Ａ「ねぇ、なんでＦはＥを叩くん？」
Ｆ「……」
Ｂ「叩かれたら嫌な気持ちになるよ」
Ｆ「……（涙を流しながら）Ｅの事が好きやから。一緒に遊んでほしいから」
Ｅ「え！　全然気づかへんかった」
私「ＦはＥと遊びたかったから叩いてしまったんやね」
Ａ「でも、叩かれたら嫌な気持ちになるよ」
Ｆ「ごめんね」
Ｅ「いいよ」

どんな話でも否定されないというルールの為、Ｅは心の内に秘めていた気持ちを言うことができたと思います。Ｆが意地悪で叩いてきているわけではなくて、Ｅへの気持ちの裏返しだと知れてＥは少し安心したように見えました。

「こどもの哲学教室」後、トラブルになっている友だちに気付いて、周りの子どもたちが「〇〇くんはこうしたいんじゃない？」と気持ちを汲み取ってくれたり、一緒に解決方法を考えていたりする姿が多く見られるようになりました。さらに「こどもの哲学教室」に取り組む中で、子どもたちが「実は……」という心の奥の方の気持ちをつぶやけるようになったり、普段はまったく話すことがないのに哲学教室の時間になると「私の話聞いて！」と十分ほどコミュニケーションボールを離さずに、話し続ける子がいたりと、聞いてもらえるという心地よさを感じられる、「こどもの哲学教室」の時間を「特別な時間」と捉えているようでした。また「こどもの哲学教室」以外の時間にも、話を聞いていない友だちがいたら「人の話は最後まで聞くんやで。哲学と一緒やろ」と友だちの話を傾聴しようと呼び掛ける姿も見られました。

この二年の取り組みを通して、子どもたちは、認めてもらえ共感してもらえる嬉しさを感じ、自己肯定感が上がったように思いました。

「こどもの哲学教室」――「変わる子どもの関係」と「怒りの表出の場」

ある年の四歳児クラス、そしてその子どもたちが翌年五歳児クラスになったときの物語です。

そのクラスの子どもたちが初めて「こどもの哲学教室」を経験したのは、四歳児クラスの秋でした。クラスには自分の思いがうまく伝わらないとカッとなってしまうはなちゃん（仮名）という子がいました。彼女はほかの子どもたちが、自分がそばに寄っただけで、まるで自分はそこにいないかのようにあからさまに自分から視線をそらし避けることを知っていました。そんなクラスの子どもたちの態度に彼女は衝動的にカッとなってしまうことがよくありました。クラスの子どもたちからは「はなちゃんは（すぐに噛んだり叩いたりするから）一緒に遊べない」「はなちゃんは、うまく話が通じない」という気持ちが大人にも伝わってきました。

秋から月に一回のペースで「こどもの哲学教室」を経験しながら年長クラスに進級し、「こどもの哲学教室」の取り組みが始まって約一年経ちまた秋を迎える頃、クラスの子どもたちの関係に変化が見られるようになりました。ある日の自由あそびの時間、それまでは、はなちゃんが自分に何か伝えようとしているのを感じるとサッと身をかわして避けていたみおちゃん（仮名）が、「はなちゃん、なに？」と好意的に尋ねたのです。はなちゃんは、いつもなら自分を避けるみおちゃんが自分の気持ちを尋ねてくれたので、それはそれは嬉しそうに、そして穏やかに「みおちゃん、これ使っていい？」と伝えることができました。

哲学対話の時間を通して、はなちゃんは、日常とはまったく違う非日常を意図的に演出した時間の中で、自分の発言をみんなが静かに聞いてくれることを体験しました。彼女にとってその時間はとても心地よいものだったに違いありません。そして他の子どもたちも「友だちの話は最後まで聞く」、「友だちの話はジャッジしない」という哲学の時間のルールが体に染み込んでいったのでしょう、哲学の時間以外の生活やあそびの時間にそのルールを実践するようになりました。その結果、はなちゃんは、ほかの子どもたちを噛んだり引っ掻いたり叩いたりするという行為がほとんどなくなりました。

これはそういった子どもたちの姿から推測することですが、それまでのはなちゃんは、「他者に避けられることは『いや』だ」という感情を、他者を攻撃する方法でしか表現できませんでした。そしてその行為が周りから避けられる原因になるという悪循環を生んでいました。ところがこの「こどもの哲学教室」の経験を重ねていくことで、「火に近づかない」「友だちが話しているときは静かに最後まで聴く」「友だちが話したことを間違っているとか、おかしいとか否定したり指摘したりしない（ジャッジしない）」という「こどもの哲学教室」の三つの約束を守ることが、「相手を尊重する」トレーニングとして日常的にも体に埋め込まれ、それが子どもの力になり、哲学以外の生活やあそびの場面でも有効に働くようになったと考えられます。

「自分は周りから認めてもらえない人である」という自己否定の気持ちが、「自分は相手に気持ちを尋ねてもらえる人である」という自己肯定感に変化したはなちゃん。そして相手が誰であれ、目の前にいる人の気持ちを聞こうとするようになったみおちゃんは、相手によって態度を変えない行動ができる人になれると期待させてくれます。

「こどもの哲学教室」の中で、初めは発言できなかった子どもが、友だちの話を繰り返し傾聴する経験を通して発言する力を高め、自己肯定感を高めることになりました。その結果、子ども同士の対等で良好な認め合う関係を作り出すことにもなると、確信できました。

かつての、自分を受け入れてもらえなかった関係が受け入れてもらえる関係に変化した理由は、前述のように「こどもの哲学教室」を通して子どもたちが傾聴することや相手を否定しないという約束を守る、つまり他者を受け止めるために必要なトレーニングを繰り返し繰り返し行い、その結果、子どもたちが他者を受け止めるという実践方法を身につけ実際の行動に移したからなのだろうと推測できました。聞いたことや教わった知識を、自分の体に埋め込み自分で使いこなせるようになること、これが学習であり、アクティブラーニングなのです。

また、「こどもの哲学教室」の時間は何を言ってもいいという環境は、家庭では言えないことを吐き出す時間となっているのを感じています。

ある四歳クラスで「こどもの哲学教室」を八回経験したのちのことです。

「みんなで話したいテーマを決めていいよ」

「怒るについて話したい」

「怒るがいい」と数名が発言したので、

「じゃあ、怒るってどういうことか話していこう」ということになりました。

なぜ、怒るというテーマで話したいんだろう？

そう思いながら、ひとりひとり聞いていくと、家庭では言えない家族に対する愚痴のようなものが次々と出てきました。

「お兄ちゃんが片付けてないのに、ぼくが怒られた」

「いつもゲームしたいのに、お兄ちゃんばっかりしてる」

「一生懸命作ったブロックを妹が壊してくる」

「ぼくは何にもしてないのに、妹がおもちゃで頭叩いてくる」

「ぐずこちゃんって言われるのがいや」

「お姉ちゃんだけ、パパに遊んでもらってずるい」

ひとりひとりの発言に、

「そうなんや、それがイヤやったんや。それはいやだよね」

とそれぞれの、怒りを受け止めていきました。

普段あまり発言しようとしない子どもが、この時ばかりと、発言したことがとても印象的でした。

親から納得のいかないことで怒られた経験や、兄や姉からの理不尽な発言や行動に怒っているということ、また、自分のことを否定する親の発言を悲しんでいるけれど、その悲しみが怒りに変わっているということなど、子どもたちの感情が溢れるように出てきました。

子どもたちもいろんなことで怒りを覚え、その気持ちを持って生きているんだなと感じる時間でした。

そしてそれをうまく親に伝えていくのも必要なのかもしれないと感じたのでした。

また、別のクラスでは、両親の夫婦げんかを見て辛かったという気持ちや、友だちと遊んでいてルールを勝手に自分のいいように解釈する子に対する不満や、友だちにイヤなことを言われてイヤだったなど、子どもたちが次々に語ってくれました。この様子を見て、「こどもの哲学教室」の時間は、日常のあそびや生活の中では言いたくても言えないことを言ってもいい時間なんだと感じているということもわかりました。

つまりこの時間は子どもたちは正直に素直に我慢することなく自分の気持ちを語れるので、いじめを早期に発見したり、家庭での虐待などに気づくことができる時間になるのではないかということを感じています。

けれども、周辺の職員からは哲学対話の実践に対し、「ただただ難しいこと」「子どもにできるわけない」「そんなことしてどうなるの？」というような見方や捉え方をされていました。「哲学」＝「難しい」というイメージは、なかなか簡単には消せないものでした。

私自身もはじめは、山田さんが進める「こどもの哲学教室」で、できるだけ子どものことを尊重することを第一優先にしながらも、ちゃんと座って静かに話を聞かせなくては……と、声かけをすることが続きました。まだ始めて半年の頃は、「先生」から抜けきれない状態だったのです。それでも、「こどもの哲学教室」の前後に山田さんと振り返りをすることで、「ちゃんとしなくてもいいんだ」「どんな参加の仕方でも認めていいんだ」「聞いてるだけでもいいし、言いたくなるまで、友だちのことを待っていられるようになれば、それが、尊重してるってことじゃない？」と思えるようになりました。

そして、自分がファシリテーターとなって、三歳クラスで「こどもの哲学教室」を実施したときでした。三歳クラスではまだ発言の力にばらつきがあり、三分の一程度の子どもしかテーマに沿っての話ができない時期がありました。「こどもの哲学教室」では自分の話す順番が回って来たり誰かから指名されたりしたときでも、もし「うまく話す自信がない」「話したくない」など自分の都合で話すことを断ることをお互いに認めています。そのときは「パス」と言ってほかに話したい子どもにボールを渡します。その日、子どもたちはその「パス」の行為が楽しくて、次々に「パス」と言ってコミュニケーションボールを隣に渡す姿が続いていました。通常であれば話が進まずどうしようとか話をさせなければ、と大人のほうが困惑する場面ですが、それまで他学年の時間を見てきた経験が、私にその様子を余裕を持って見守り、待つことを受け入れさせてくれました。ことばの数が少ない年齢で、たくさん要求することはなく、とにかくこの場にいて、友だちの発言を聞いて、楽しそうに過ごしている姿で十分だと感じました。けれども、それも私だけが感じていることで、同時に参加した担任はそのようには感じなかったようです。

そんな中、「大人の哲学教室」を開催することになりました。職員会議とは違って、どんなに意見が自分と違っても、「人の発言を否定しない」というルールに守られて、発言することが心地いいと感じた職員がいました。

それまでの「会議」での発言とは異なるこの「心地よさ」を感じたその職員は「大人の哲学教室」をしたいと考えるようになったそうです。

この職員の気持ちこそが、「『こどもの哲学教室』どうだった？」と尋ねた時に、子どもの口をついて出てくる「楽しかった！」の気持ちではないでしょうか。

大人も、尊重されたいと心の中で願っているのです。

自身の発言が否定されない心地良い経験が、子どもの発言を尊重しようと思える大人を育て、その大人との対話で、子ども自身も友だちの発言を否定せずに最後まで聴くことができ、自由に考え発言できる場になっていくのだと思います。私たちは相互に相手の話をじっと聴く場が必要なのです。

「こどもの哲学教室」は、人と人の関係をつくり、また自身の中にある怒りや苦悩を吐き出してもいいと思える場所でもあり、またファシリテートする立場にとっては、相手の発言を辛抱強く待つことや、どのような発言においてもジャッジしないという形を維持するために、「自分の都合で子どもに話をさせるのではなく、彼らの話したいタイミングがくるまで『待つ』」ことや、どのような相手でも相手を尊重するという姿勢が身につき、ゆえに人との対応を仕事にしている者にとっては、大変重要な対応力が身につくと思われます。どのような人であっても相手を尊重するという気持ちを持てるようになることが、対等な関係を持って関わることができるという点で、保育や教育、また介護や看護の仕事を持つ人にとっては、身につけるべき力となると考えます。

幼い頃から、自身を尊重する自信を持っていれば、相手を尊重することができる。社会のすべての人が自信を持っていれば、幸せな世の中ができる。そのために、どのようなツールが必要なのだろうと考える時、私は迷わず、「哲学対話である」と答えます。

みんなといっしょ

第四章

子と親の「こどもの哲学教室」
―子どもの思い、親の思い―

「こどもの哲学教室」とS

年長になるまでのS

Sは四人姉弟の三番目の子どもです。

Sが年少だった冬、担任の先生に「Sちゃんは愛情の壺が人一倍大きいから、その壺を満たすためにお母さんの愛情をたくさん欲しがると思います」と言われたとき、「私の愛情が足りないということが言いたいの!?」と複雑な気持ちになったことがあります。今思い返すとそれは事実だったかもしれません。その年の夏に弟が生まれ、Sのことはもちろんかわいいけれど、赤ちゃんという存在、そして初めての男の子ということで私の気持ちが弟に向いていることをSは感じていたのかもしれません。Sはいつも保育所の先生にくっついて、それを「甘え上手な子だ」と私は長所としてとらえていました。ですが、やっぱり本人としてはママが足りない分を先生にひっつくことで補っていたのかもしれません。

そんなSが五歳になり「五歳やからできるもん！」「五歳やからすごいやろ！」と張り切る姿を目にすることが増えました。そんなある日、シャンプー後のSの髪の毛を乾かしていたとき、あるものを発見しました。驚いたことにSの左耳の後ろあたりに円形のはげができていたのです。ショックでした。もともとSはアトピー体質なので、刺激等ではげができやすいとは分かっているものの、私は大きなショックを受けました。Sはきっとママに認めてもらいたくて、自分のほうを向いてもらいたくて、ものすごく頑張っていたのでしょう。そして疲れちゃったんでしょう。ごめんねS。母親の愛を自分に向けさせるために、母親の愛を感じるために、こんな小さな子どもが無意識に、必死で自分の身を削ってまでがんばってしまうのだと、痛いほど感じたできごとでした。

年長になったS

髪の毛もきれいに生えそろい、めでたく年長さんになりました。お姉さん気分で張り切って登園するようになって一カ月後、新型コロナ禍による長い自粛生活が始まりました。自粛生活当初は家族とのゆったりした時間をたっぷり満喫できたのは大変良かったと思います。ですが、緊急事態宣言明けの保育所開所後、その反動がでました。登園を嫌がるようになったのです。

子どもといえども大人と同じように、保育所にいる間は家とは異なる緊張感をもち、またわきまえた振る舞いをしているので、普段は話し方も行動もおっとりしているSにとっては、一カ月のブランクは、保育所への通園への高いハードルになってしまったようです。

日々どうにかこうにか通園するなか、Sは毎日保育所から宿題を持ち帰るようになりました。宿題の内容は「おうちのひととハグしてくる」「自分の名前の出来をおうちのひとに聞いてくる」といったものです。この宿題は保育所で取り組んでいる「こどもの哲学教室」の実践の一環でした。Sは年中のときから保育所で実施している「こどもの哲学教室」に参加していますが、保育所では年長になってより積極的に「こどもの哲学教室」に取り組んでいました。この宿題はS本人と私にとって本当にいい取り組みとなりました。

宿題を通じてSと二人きりで話し聴きあう時間がもて、Sの気持ちに触れることができました。さらに保育所で宿題を発表したときの様子について、「S、しゃべるのが遅いけど、みんな待ってくれるねん」と友だちが自分のことを大切にしてくれていることを話してくれました。また「今はSがしゃべってるの！」と、臆することなく自分の気持ちを表現することもできるようになっていました。保育所再開当初は私から引きはがされるように登園したわが子が、徐々に「もっと保育所で遊びたかった」と言うようになり、ついには、走って保育所に登園するようになりました。

目がきらきらと自信にあふれるようになったS

私は子ども同士を比較することが好きではありません。ですから子どもと話すときは極力言動に気を付けています。しかし四歳上と二歳上の姉たちとSを比べてSの年齢ではできなくて当然のことを、「Sだからできない」と思ってしまうことがありました。そんな私の気持ちが伝わったのか、S自身、「Sにはなんにもできない」という思い込みが生まれた気がします。それに加えて生来の優しい性格から、「Sはいいの」と、一歩引いた表現をするようになっていました。

そんな自信のない、そして控えめなSに転機が訪れました。保育所で取り組んでいる「竹馬」に乗れるようになったことです。

家には姉たちが使用していた竹馬が二台あります。私はこの竹馬を「お姉ちゃんたちはできるけれど、Ｓにはできない」象徴のように見ていました。

でもそれは私の思い込みでした。ある夜Ｓに「竹馬に乗れる？」と聞くと、Ｓはあっけらかんと「乗れるでー」と応えました。

Ｓにはできないと思っていたのは私のほうだったのです。無意識に私の中には「まだＳは小さいからできなくていい」という、Ｓへの過小な期待感が生まれていることに気づかされました。ですから「乗れるでー」の返答に内心、「ほんとに？　うそじゃないの？」と自分の心がささやきました。そして運動会当日、堂々と竹馬に乗りさっそうと歩くＳを見て泣きました。

友だちと喧嘩できるようになったＳ

「こどもの哲学教室」の取り組みと竹馬で得た自信がさらにＳを成長させてくれました。「Ｓの話、みんな待ってくれるねん」と、自分の思いを伝えられる環境が常にあり、「自分はこんなことを思っている」と自分の考えをもつことに自信を感じられるようになったのだと思います。

以前はお友だちにおもちゃを取られても「Ｓはいいの」と言い、ほかにやりたいことがあるタイミングでお友だちに誘われたら、したいことをがまんしてその誘いにつきあうという、一見円満ですが、もどかしい様子が見られました。それが竹馬の件以降、お友だちと喧嘩できるようになりました。これは自分の思いを伝えられるようになった証しだと嬉しく思っています。

時々「お友だちにいやなことを言われた」と枕を濡らすことがありますが、本人からゆっくり話を聴いたのち「Sが困ったらママが助けに行くからね！」と伝えると、「自分で言う！」と言います。そして「勇気をだして自分でいやって言えたよ！」と自信に満ちた瞳で帰宅しました。

そんなSも保育所を修了する日を迎えました。

先生からの「自分のどこが好き？」という宿題に「なんでもがんばれるところ」と応えたS。やってみようという意欲に満ち、できたときはキラキラした瞳を向けてくれるS。私を含め、他者に認めてもらいたい気持ちを含みながら自分のことを信じられるようになったSを、私は誇りに思います。

他者に自分の話を聴いてもらうことは、自分を受け入れてもらうこと。子どもにとってこの経験を積み重ねることがいかに大事かを学ばせていただきました。

「こどもの哲学教室」を体験して

息子が年中になり幼稚園で「こどもの哲学教室」を始めることを知ったとき、「こどもの哲学教室？　なんだか難しそう」というのが最初の感想でした。担任の先生が「こどもの哲学教室」について学ばれることは子どもたちにとってもいいことでしょうし、ありがたいと思っていました。しかし息子が「こどもの哲学教室」を初めて体験した日の降園後、息子に「今日の『こどもの哲学教室』はどうだった？」と私がたずねても息子からはこちらが期待しているような答えは返ってこないので、「うちの子にはきっと難しすぎるのかな。発言もできていないだろうな」くらいに思っていました。ところが個人懇談の時に息子の様子を聞くと「こどもの哲学教室にはちゃんと参加していますよ」と先生から聞きました。

「こどもの哲学教室」の約束事はおおよそ聞いていましたが、回を重ねて、無理にしゃべらなくてもよいこと、誰かが話しているときは最後まで聞くこと、しゃべりたい時にしゃべり、それをみんなが聞いてくれて、内容が間違っているとかのジャッジはされない、そういった環境が子どもたちにとって心地よいものとなっていることがわかってきました。

三学期に入ってこれから一年の締めくくりというところで、新型コロナウイルス感染症拡大により、急に休園が決まってしまいました。

そして長いお休みの後、六月から幼稚園が再開され、いよいよ年長さんとして幼稚園最後の一年を迎えました。しかし例年より短く、そして感染対策もしなければならないので先生方はとても大変だったと思いますがそれでも定期的に「こどもの哲学教室」を開催してくださいました。

息子は恥ずかしがりやですが、年長になり、目標を決めて取り組む活動や、下の学年の子のお手伝いや園での係の仕事を通して自信がつき、少しずつ人前でも話せるようになってきました。「こどもの哲学教室」でみんなと話をする楽しさ、自分の話を聞いてもらえる心地よさを経験したのも良い影響となっているようでした。

ちょうどその頃、幼稚園で「大人の哲学教室」が開催されることになったので、私も参加してみました。

参加者は七人の保護者と、幼稚園の先生二人と、ファシリテーターの山田さんでした。

私は山田さんとは初対面、山田さんだけでなくお話をしたことがなかった保護者の方もいました。

円になって座り、最初に山田さんから説明があり、その後に実際に「大人の哲学教室」を体験しました。まず自己紹介をするのですが、自分がこの時間に呼んでほしい名前（子どもの頃のあだ名など）を決め、スタートしました。呼んでほしい名前を名乗っていく過程がすでに面白く、すべての方に親近感がわきました。

いざ始まっても特にテーマが決まっていないので何を話せばよいのか迷ったり遠慮があったりしましたが、今回は参加者のほとんどは子育て中のママでしたので、子育てについて話が始まりました。不思議とだんだんと話がふくらんでいきました。

話をしているうちに、予定されていた時間になり終了しましたが、時間を決めていなければ、いつまでも話していたいような、リラックスしたおしゃべりの場でした。

終わった後に感じたことですが、まるで親しいお友だちとのランチやティータイムのような心地よさでした。親しい人とのおしゃべりは、答えを求めるわけではなく、ああだこうだと楽しくおしゃべりをすることが多いですが、「大人の哲学教室」も同じだなあと思いました。部屋を暗くして、ろうそくを灯し、非日常の空間でお話をするのですが、そのわくわく感のようなものを、子どもたちは大人の私たち以上に感じていただろうと思います。否定されずお話ができる環境や話を聞いてくれる仲間がいることは、子どもたちがのびのびと成長していく上で、とてもよいことだと思います。

年長の後半になり、息子は仲の良いお友だちと口げんかすることが増えてきました。どうしたのかと少し心配していたところ、担任の先生から、「今日の『こどもの哲学教室』で、頑張って自分の気持ちをお友だちに伝えることができましたよ」と聞きました。年長になり、自分の意見を言えるようになってきていたとはいえ、大好きなお友だちに嫌なことをされた時にはぐっと我慢してしまっていたようでしたが、「こどもの哲学教室」の時間に思いきって自分の気持ちを伝えたことで、お友だちに自分の気持ちを伝えられたようでした。それからも時々口げんかもするようでしたが、嫌な時は嫌だと自分の気持ちを言えるようになり、きちんと話し合ったりお互いに謝ったりし、何かあれば自分たちで解決して、そのあとは仲良く遊べる関係になりました。

ありがたいことに日頃から先生がクラスでの問題や子どもたちの気持ちに気づき、その状況を次の「こどもの哲学教室」のテーマに設定して対話の機会を準備してくれていたようです。そうすることで、困っている子どもは自分の気持ちを一人で抱えることなく自分のことばで気持ちを他者に伝える機会を得られるのです。それは、これから成長して大人になっていく過程でもとても重要なことだと思いますので、幼稚園でこのような経験をさせてもらったのは本当にありがたいです。年齢も関係ないので、小学校や中学校でも「こどもの哲学教室」の時間があると面白いだろうなと思います。

「こどもの哲学教室」との出会い ―― 親として教師として

大抵の親がそうであるように、私は幼稚園でのわが子の様子に関心があります。うちの子はどんなふうに幼稚園の中ですごしているのか、どんな様子で友だちと接しているのかということを常に知りたいと思っていました。数ある幼稚園の取り組みの中で「こどもの哲学教室」というものがあると知った時、「一体どんなものだろう」「息子はどんなふうに参加しているのだろう」と興味がわきました。息子は友だちとどんなふうに話をしているのか ―― それ自体が息子と友だちとの関わり方を分かりやすく表現しているような気がしたからです。

友だちの話をよく聞き、友だちの意見について良い・だめなどの評価はしないというルールのもとで対話が行われるということを知り、更に子どもの「こどもの哲学教室」に興味を持つようになりました。

私がこの活動に興味を持ったのには実はもう一つ理由があります。

私は小学校の教員です。息子が幼稚園に通っている間は育児休暇期間中でしたが、「こどもの哲学教室」のことを知ったとき、以前から抱えていた自身の学級経営の課題を思い出したのです。

教員になったばかりの頃、児童を指導するという立場でありながら自分の未熟さ故に児童から自分の落ち度に指摘を受けたり反発を受けたりと、うまく学級経営ができない悔しさを感じながら日々を過ごしていました。しかし教員になって数年経ち同じ過ちは繰り返すまいと自分なりに考え、少しずつ自分のやり方を見つけたように思います。当時、とても大事にしていたのが「子どもに規律を守らせる」ということでした。

過去の失敗から私は、子どもたちが規律に対する気を緩めることは学級の雰囲気が崩れることにつながると考えていました。しかし規律を守らせることに腐心した結果、学級は落ち着いているように見えましたが、授業中の挙手が減り、また子どもたちはみんなの前で自分の気持ちをオープンにすることが難しいような雰囲気になっていきました。

そうなってしまった原因は何なのか、何度も考えました。そして繰り返し考えるうち、規律を守ることは大切だが、子どもたちの個性を大切にし、子どもたちが安心して自分の考えや意見を言える機会を確保することがもっと大事だという思いに至りました。様々な個性のある子どもがいるにもかかわらず子どもたちを一つの枠にはめ、その枠の中でしか身動きがとれないような環境を作り上げてしまっていては子どもたちがのびのびとした振る舞いができないのは当然です。じゃあその機会とは？　どのように設けたら良いのか？その一つの方法として「こどもの哲学教室」は最適なのでは、と思ったのです。

わが子が集団の中で生活するようになって「うちの子は友だちに受け入れてもらえているのだろうか？」と不安に思い始めました。時折目にする息子の友だちとの関わり方に、どうも一方的なところが多いと感じたからです。相手の話を聞かずに自分の話をし続けていたり誘われても自分のやりたいことを押し通したり。親として心配しながら、いろんな思いを抱えながら息子を見守っていく中で、「友だちの話をきちんと聞くこと」「友だちの考えや気持ちを受け止めること」の大切さを改めて感じるようになりました。息子にはその力をしっかりと身につけさせなければならないと思いました。一方でまだまだ成長途上の息子がこれから先、友だちとの関わり方を学んでいく場への親としての切実な期待がむくむくと大きくなりました。「こどもの哲学教室」はこんな息子であっても受け入れてくれる場なのです。

幼稚園に通う息子は課題を抱えながらものびのびと、そして友だちが大好きで毎日を「楽しい」と言って過ごしてきました。担任の先生から友だちとのトラブルがあったという話を聞くことはありましたが、それでも息子が安心して自分の教室に帰っていけたのは、失敗しても息子の個性を受け入れてくれる先生やまわりの友だちの存在があったからではないかと思います。

「わが子を受け入れてくれる場」というと一方的な、ただの親の自分勝手な欲求に聞こえるかもしれません。でもそれは決して「何をしても許してもらえる場」という意味ではありません。失敗を一つの成長の過程として受け入れてもらえ、自分の失敗を次に活かし成長していく姿をありのまま見守ってもらえるという場です。そんな場を現実のものとしてくれるのが「こどもの哲学教室」ではないでしょうか。

いつでも安心して自分の気持ちを表現できる場、「こどもの哲学教室」が息子の通う幼稚園にはありました。この実践が年少から年長まで一貫して続けてこられたということに意味を感じています。幼少期から自分の気持ちを素直に表現できるということが当たり前になっていれば、小学校に進み、また高学年になっても、子どもたちは気持ちを内に抱えて一人で悩まずに済むのではないでしょうか。

親の立場からも学級を作る立場からも子どもたちが安心して過ごし共に成長していく場を作る手段としての「こどもの哲学教室」に大変魅力を感じます。いつか私も教師として「こどもの哲学教室」を実践してみたいと考えています。

あとがきにかえて

山田　組織で何か新しいことを始めるということは、「こどもの哲学教室」に限らず、ほかの先生への説明が大変だったりご自身がリーダーシップをとっているものの迷いながら進めたりだと思いますが、「こどもの哲学教室」という取り組みをスタートしたときの記憶は何かありますか。

谷　私はちょうど「こどもの哲学教室」に興味を持って調べていたところでした。子どもたちの生活が安定していなかったりいろんな差別を感じたりするなかで保育をやってきて、「こどもの哲学教室」が自分を肯定することにつながるのならとにかくやってみたいなと思いました。もちろん心配はゼロではなかったですが、ワクワク感というか、この実践を進めるとどんなふうになっていくんだろうっていう気持ちのほうが大きかった。まずはやってみよう！　という性格ですし、やってみて、まずかったら変えたらいいと思って始めました。そして自分がまずマスターしてからやるのではなく、指導してくださる山田さんが来てくれるから、自分も学べるしそれによって子どもたちも伸びていくならそれに乗っかってみようと、そんな気持ちでした。

清水　私は、谷先生と切り口が違い、当時の園長から『こどもの哲学教室』を始めるからこの本を読んでくれ」と言われたのが始まりです。その前に当時、組織作りに取り組んでおり、まず私たちがこれからしようとしていることの勉強から始まりました。「子どもの哲学とはなんぞや」という前に、近年の子どもの育ちや家庭環境を学びながら子どもの乳幼児期に何が大事なのか、認知能力なのか。その当時は認知能力とか非認知能力が大事だとか愛着関係が大事だとかの勉強から始まり、それにつなげて哲学の理念等を知り、じゃあ私たちはどうあるべきか、を考えるところから入りました。

山田　この話をするといつもその組織の理念や方針という話になります。公立、社会福祉法人、そして事業所の種別として保育園、幼稚園、認定こども園とありますけども、公立と社会福祉法人とでは理念や方針の共有の度合いや順応度等に違いがあるのかどうか、外部の人間である私にとっては気になるところです。

そのあたりを先生方にお聞きしたいのですが、お互いの実践内容を見られて何かうちとは違うなと感じられるようなところはありますか。

清水　谷先生は公立にお勤めなので役所の方針があると思うんですけども、私が谷先生の姿を見ていてすごいなって思うのは、主体的というか使命感っていうか、長年保育に携われていて、「このままではいけない」という危機感といいますか、すごくパワーを感じます。

民間の組織というのは、会社の社長がいてその社長の方針に沿って私たちが取り組むという、それが組織の特徴のひとつだと思うので、私の意見がどうこうというよりも、理事長なり園長なりに相談して「こうやりたい」と意見を言いますが、これまでの歴史があるので、思いを強く主張するようなやりかたでなく「長」の思いを受け止めて進めてきたので、そこには大きな違いを感じます。

谷　そうですね。私は公立しか知らないので民間に比べると職員一人ひとりの自由度が高いなとは思っています。もちろん園長だったり所長だったりトップの考え方の影響はあるんですが、よほどの事ではない限り、例えば人権を否定するようなことではない限り、みんなそれぞれの思いが認められて保育ができているかなと思います。私はどうしても人権というキーワードが頭から離れません。一つのクラスの子どもたちの関係のなかで何も問題がないはずがない。子どもたちの関係が対等な関係になるためにどうしていくべきかという思いが一番根底にあって、例えば三十名のクラスの中で一番軽く扱われている子どもは誰なんだろう、その子がみんなと対等になるためにはどんな工夫ができるんだろう、ということを考えられる保育をやっていきたいという気持ちがあります。そこにつながっていくような保育内容であったり事業内容であったら、「これどうですか」と周りにも提案するし、もし周りが共感してくれなかったら自分のクラスでそれをちょっと実践して、結果が表れれば「その取り組みいいよね、どうしてるの」というやりとりが始まります。そうやってどんどん広がるよう、事を進めてきたと自分では思っています。

その中で自分が今まで取り組んでこなかった、また自分ではどう実践すればいいのか考えられなかった「こどもの哲学教室」ですが、自信はないけどやってみる価値がある、実践の中のひとつとして取り入れていきたいという気持ちはありました。そういう意味では自由度はあって何でも取り入れていけるところはありますが、民間さんはトップダウンではあるけれどもトップダウンだからこそ、そこに一気に注力できる。みんなが揃ってそこに向かっていける。そういう意味ではすごくうらやましいと感じます。トップから「〇〇について勉強して」と指示がでたら、それに向かって一生懸命勉強していくことや、若い他の職員さんもみんなそれに向かって一丸となって進んでいけることが民間の強みですよね。さらに集中的にそこに予算を投じることができる、そのため効果が早く表れるだろうし、子どもの育ちもきっと同じだと思います。私が摂津峡認定こども園に見学に伺った際に強く感じたのは、設備だけでなく「こどもの哲学教室」にかける意識の高さと思いの強さです。園内に一気に実践が広まるところはいいなと思いました。公立の当園でももちろんじわじわ広まっていますから、それはよかったですけど、そこの差はあるなと思います。

山田　ありがとうございます。物事は何でも表裏一体なんですよね。お二人のお話をお聞きしてそれを実感しました。谷先生が先ほど言われた、「まずはクラス単位で進める」という方法は小学校でも一緒ではないかと思います。小学校の先生方が「こどもの哲学教室」の研修やワークショップに参加されたときに、「全体でやるのは難しいけど、自分のクラスでちょっと取り入れてみようかな」と言われることがあります。

自分の裁量で自由に実施できるというのは強みではありますが、反面、一人でやっていると辛くなる時はありませんか。実は私自身が十年ほど前に『こどもの哲学教室』をやりませんか」と言い出したときに、みなさん「はあ？」「はあ？」「はあ？」という反応だったのですごく寂しくて（笑）。これをみんなに分かってもらうには「やりたいから」という思いだけでは不十分で、自分自身がその思いの背景や、どういう経過でフランスで広まってきているのかを勉強しないといけないと思ったので、しばらくの間、静かに過ごしました（笑）。組織で実践するためには自分たちのやりたい事を広げるためのアイデアや仕掛けが必要だと思います。

「こどもの哲学教室」をやっていると、子どもたちが自分の主体性を獲得する姿、自分の権利を認知していく姿を大人は目の当たりにしますが、じゃあその場に一緒にいる大人たちの方はどうやって主体性を獲得していくのでしょうか。若い先生方も最初は「やりなさい」と言われて取り組み始めて、なにかよくわからない状態だったと思います。しかしそれを続けていくうちに自然と主体性を身につけていくのでしょうか？　というのが清水先生への質問です。谷先生へ質問は、豊能は、摂津峡認定こども園と比較すると先生方の平均年齢がきっと上だと思います。そのベテランの先生方は既に先程ご説明をお聞きした通り、自分でこれをしたいっていうのを持って日々保育を実践されていると思いますが、それをどうやって、こういうやり方もいいんだな、というふうに思ってもらえるんでしょうか。

清水　山田先生からの質問は、主体性は自然と職員に身についてくるのかどうかというご質問かと思います。

「こどもの哲学教室」を始めた時期に幼保連携型認定こども園の教育・保育要領が変わる時期であったこともあり、ちょうど私たちも、子どもの学び・成長って何だろうということを再度考えようとしていました。確かに子どもたちは無限の可能性があるから用意された環境でもそれなりに楽しく過ごすけれど、大人が用意したものを教えることが本当に子どもの主体性なのかなと、保育を見直している時期でした。理事長の先を見通した思いもありましたが、職員間でも主体性ってなんだろうと悩み始めた時期だったので、運が良かったというかタイミングが良かったというか、先生たちは自然と主体性とはなんぞやと考え始めました。でも当園でいろんな経験を積んだ先生や新卒の先生だけではなく中途採用の先生もいらっしゃるので、いろんな経験を積んで、いろんな考えや思いをもつ先生が一体感をもつというのはなかなか難しかったです。

山田　清水先生、具体的に難しかった事例を覚えておいでですか。

清水　例えば、日々《にちにち》の保育の中で、乳児保育では担当保育を取り入れていますが、食事ひとつとっても、ひと匙、ごはんを口に運ぶことであっても、人によってはぐっと子どもの口の中に押し込む先生もいれば、「あーん。お口あけてごらん」と言って子どもの口にいれて口を閉じたらスプーンを抜くとか、そこにも子どもの気持ちが入っているかどうかとか、そういうきめ細かいところからも違いが出てくる。その大人がなにげなくしている行為が、子どもの気持ちに寄り添っているのかというところから始まりましたね。

谷　今おっしゃったようにきめ細やかにどこを見るのかという点は、ほんとに保育者個々の差があると思います。もちろん「じゃあ何をどういうふうに見るのか」という話も日々するんですけど、もともとの感性の違いもあるし、特に、大事にしたいことは違いもあるので、いっぺんには共感できない。でもそういう私もやってみないとわからないし、自分がいいと思ってやりだした事はとにかくやってみる、続けてみる。その結果をいろんなところでアピールする。その中で保育観が似ている先生がいると、その先生も自分と同じ視点で子どもの育ちをしっかり見つけてくれるし発見してくれる。二人になるとすごくパワーアップして、「本当にこの子がこんなふうになったよ、こうなったよ」と言ってどんどん広がったなと、いますごく感じています。

これは記事の中にも書きましたけどクラスの中にはいろんなタイプのお子さんがいて、例えば、かつて、衝動性の強いと言われるお子さんがいました。すぐお友だちを噛んだり叩いたりひっかいたりしていました。そんな行動があったことと子どもたちの関係のなかで邪険に扱われてきた歴史の相互関係の渦中にあった子どもたちですが、約一年くらい「こどもの哲学教室」に繰り返し参加する中で周囲が変わっていきました。もちろんその子自身も変わっていったんですが、周りの子どもの姿に明らかに変化が見えてくる。もちろん「こどもの哲学教室」だけが変化を起こした要因ではないんですけど、「こどもの哲学教室」の影響は大きいと感じられました。その子の育ちの姿を人に伝えることで、じゃあやってみようかなあと、職員の気持ちが大きく変化したと思います。

ただいきなり自分が学んで実践するにはパワーが相当いるので、最初はちょっと手助けしてもらえるシステムというか人的環境が必要だと思います。あとは日常の保育の中で子どもに「こどもの哲学教室」と同じことを体験できるように準備する。吉川保育所で始めたときは、山田さんから「大人（職員）の中で自分たちの理念等をもう一回確認してください」という課題をいただいて職員同士で話をしました。

普段、職員会議等の場では、結論やまとめたいところ、おとしどころは決まっているうえで話をしていくので、ちょっと自分の意見と違うなと思っても手を挙げにくいことや、意見を言っても「どうせ私が言っても意見はとおらないわ」と思っていた人たちが、「こどもの哲学教室」や対話の場では、大人でも子どもでも、絶対人の話は否定しないとかジャッジしないっていうルールがあるので、そこで話すことの心地よさを感じていった。大人自身が課題に取り組むなかで、自分がその心地よさを体感したので「保育でもちょっとやってみようかな、やってみたらいい」という発言がでてきた。実際その先生がやるわけではないんですけど、そうやってちょっと自分が心地いいから子どもも心地いいんじゃないかな、じゃあやってもいいかな、こっちでもいいかな、なんていうふうにちょっとずつ変化していったんではないかなと感じます。

山田　ありがとうございます。谷先生のお話を聞いて、導入するときのコツがよく分かりました。一つは少しずつ仲間を増やしていく。組織全体をいきなりひとつの方向に向けるのは難しいから、まずはセンスが似ている人に伝えていくこと。大人に、これは保護者の皆様も含めてだと思いますが、目に見える成果をまずは見せる。成果っていうのはもちろん子どもの変化もありますし、本来は主体ではないんですけど今は主体となっている大人自身が、あーこれ気持ちいいよね、心地いいよねと感じてもらうこと。子どもたちとの「こどもの哲学教室」はもちろんこれがメインですけれども、やり方、進め方としてはまずは大人でやってみませんかとモニター的に進めるとか、職員研修の位置づけで、時間を別枠でとったほうが声はかけやすいでしょうか。子どもの日課に組み入れるよりはそのほうが時間をとりやすいでしょうか。

清水　先ほど谷先生がおっしゃっていた、「とにかくやってみるしかない。そのなかで共感性を生んで結果がでてきた」というお話を聞いたときに、私たちも同じ雰囲気だったことを思い出しました。

私たちも主体性を考えるなかで、「子どもだけじゃなくて実は大人も主体的でないとだめだな」という話になりました。日々《にちにち》の保育もそうですし、会議もそうですし、またこのコロナ下で保育や教育をどうやって進めていけばいいのかという大きな課題を抱えた時に、みんなで「どうする……」で止まったんですね。でもいろいろ思案してても始まらない、やってみるしかない、やったら何かわかってくるんじゃないの？　と踏み出したんです。今、摂津峡では「やってみよう会議」というものを実践しています。「まずやってみようよ！」と前向きな意見が職員の中から出ます。例えば園の夏祭り、このコロナ下で飲食をするのは難しい。「じゃあそれ以外になにやるん？」「そうやなぁ……」なんですけど、若い先生方の違う視点を取り入れれば、何かいい考えが浮かんでくるかもしれないから、チーフ、園長、主任、主幹で夏祭りをやってみましょうと決めました。では具体的にどうするっていうのは若い先生の視点で考えてみようということで、会議や検討内容をサブメンバーで考えてもらううちに、自然と先生方の中から「やってみよう」という気持ちが生まれてきましたね。その時、谷先生が言われる主体性や共感性が、自然自発的に生まれた感が摂津峡では見られましたね。研修という枠ではなく職員の日常の育成の機会として「こどもの哲学教室」が作用して職員の気持ちや考えが生まれてきたのか、はたまたこういう環境だからそうなったのかはわからないけれども、確実に言えることはそういう気持ち、考えが生まれてきたことでしょうか。

山田　ありがとうございました。実は私がもう一つ清水先生に質問したかったことがその話でした。特に清水先生は後に園長になられて、理事長の指示を待つのではなくて、いろいろと、それこそ「主体的」に考えていかないといけないお立場になられた。そこで「清水先生始めほかの先生方の主体性はどう形成されるのでしょうか？」と聞こうとした矢先でした。それは今のお話でよく分かりました。

さて、先程の質問を続けていいでしょうか。まず一つ目。結局、「こどもの哲学教室」でいう哲学って何でしょうか。哲学ということばだけ切り取ると難しいと捉えられてしまうことがよくありますが。

清水　いつも山田先生がおっしゃるように正解はないと思いますが、哲学とは「こどもの哲学教室」で大事にしている三つのルール、これに尽きるような気がします。自分の体は自分で守ることと、人の話を最後まで聞くっていうのは、やはり相手を認めるっていうこともあるし、それから自分を自由に表現して良いとか、相手をジャッジしないとか、この三つのルールがすべてを物語っているようにも思うし、子どもたちにはすごくわかりやすい三つのルールだし、よくよくそれを突き詰めていくと、人の尊厳、そこに尽きるような気がします。

谷　そうですね、今、清水先生がおっしゃったように三つのルールっていうのがこの実践にとってすごく大きいと私も感じています。ルールがあるから、そのたった三つしかないルールだからきちんと守ろうっていうのもすごく子どもには伝えやすい。最初はルールの意味を十分理解していないけれども、まずはそれを守る。そしてルールの意味を考えながら自分でテーマについても考える、そこで考えるトレーニングにもなってるなあと、ひとつ大きな意味があるんだなと思います。そして自分が考えたことを話すとき、ルールがあるからこそ最後まで聞いてもらえる。そこはきちんと保障してもらえるっていうのを繰り返していく中で、聞いてもらった満足感から心に余裕ができる。だから次は自分も人の話を聞こうという意識に変わっていった。それまでは「自分が、自分が」と話すことばかりに夢中だった子どもたちも、自分が満足いくまで聞いてもらったことによって、次は他者の対話を最後まで聞こうというふうに変わっていく。そのことが子どもたちにとって大きな変化です。

例えば哲学するってどういうことかなと考える時、それについて考え、そして話して、また相手が何を言うかを聞いてその相手が言ったことについてまたさらに自分の中に落とし込んで、自分の頭のなかで元の自分の考えと友だちの話や人の話とをミックスしたときに子どもの頭のなかではなにかが起こっている。きっといろんな考えを比較したり違いをちゃんと見つけたり、「あ、それもOKなんだ」と思えたり、自分の中でアイデアが倍増することもあればミックスされて一つになることもあるだろうし。そういう「思考するチャンス」がいっぱい与えられるような時間になっていることもすごく大きい。そういうふうに思考が広がるまで長く対話を継続できるのは、他者の尊厳を守って、そして尊重しているからでしょう。ひとの尊厳をちゃんと守っている時間だからこそ、対話が継続できるし気持ちいいし、だから「『こどもの哲学教室』するよ」と言うと子どもたちが「やったー!!」と言うわけです。大人以上に子どもはそういう時間を日常の中で保障されていないからこそ、すごく哲学の時間が楽しいものになっているのかなと思います。

子どもたちは大きな安心感があるからこそ、楽しい話だけでなく、本当は隠しておかないといけないのかなと思うような、自分ひとりで抱えている自分の辛さや悲しさや怒りだったりを、「この場ならこのことを話していいのかな」と話をしだしたりするんだけど、それが私にとってすごく大事な時間だと思えます。哲学から子どもたちの考えがどこまで繋がってるのかわからないんですけど、自分を出せるという時間はすごく大きな時間だし、それをずっと経験していく中で人と人との良い関係が作っていけるっていうのもあるんじゃないかと思います。哲学するっていうところから話がそれましたが、もう何年も「こどもの哲学教室」を実践しているなかでいろんな子どもを見て、そういう点でも、だからこそ「こどもの哲学教室」をやるべき、子どもたちに経験してもらうべきことなんじゃないかと思います。

清水　山田先生がよく「時間にんじん」を使って話をされるじゃないですか。[*] 先日もブロックを五〜六個、タワーの形に積んだものを用意して、目に見えない時間を見える化して、子どもたちと、時間が消費される体験をしました。自分が話した時間に相応する分だけ、手に持っているブロックを一つずつ山田先生がもらうというルールなんです。

*「時間はこのにんじんみたいなものよ。みんな食べたいのに、誰かひとりだけが全部食べてしまうと食べられなかったひとがでてくる。さてどうしたらみんながまんしなくていいかな。『こどもの哲学教室』の時間も同じです」と説明して、時間は目に見えないけれど、場に参加する全員の共有の財産だということを理解してもらうことが狙いです。

子どもが何か話す度に山田先生がブロックをひとつ持っていかれるんですけど、子どもの反応は、「え、何でブロックを取られんの?」という顔をするんです。実は「こどもの哲学教室」という公共の場では、自由に話していいけれども、自分がことばを発している間は、自分は他者の時間を奪っているということを、子どもたちに分かるように山田先生が説明しました。

実はこの、「自由に表現してもいいよ」という場でもルールはあって、相手の話を聞く、自分の意見を言う、そういう暗黙のルールと体験の中で、そういうことを繰り返して体験することが大人になって自由な社会であっても秩序があって、秩序が守られている、自由で自分の権利を主張していいけれども、ちゃんと秩序がある。それを体感して体験して、知らず知らずに学んでいっているような気がします。側から見たら本当にあの場はカオスで、なにしているのかよくわかりませんが、時間にんじんで子どもたちは自由と権利と秩序の関係を経験できたと思います。

ただこれらの意味づけはあくまで自分の目に見えたものなので、あの場所に参加していた子どもたちは実際どう感じているのか聞きたくて、先日、今は小学生になった卒園児にインタビューしたんですね。「『こどもの哲学教室』ってどうだった？」と聞いてみました。すると「楽しかった。いろんなお話をしていいからね。今日は何があるのかなとわくわくした」と言っていました。さらに「自分の意見が言える」とも。親御さんにも一緒に話を聞いてみました。親御さんは「子どもたちがお互いに認め合う姿はよかった」と感じたようです。ただ「自分自身は、時間の制限もあり子どもと『こどもの哲学教室』のような向き合い方はずっとできるわけではないので、難しい」そうです。卒園児や卒園児の保護者とは園で「おかえりこどもの哲学教室」を実施していますが、在園児の保護者とは「こどもの哲学教室」の時間を持ったことがないので、今後その時間を持つことが必要かとも思います。

山田 私も「こどもの哲学教室」を始めた頃は、子どもたちと自分の様子を、よくカオスということばで表現していましたね。そういえば最近は、場が収まらなくてもあまり使わない。カオスな状況を受け止めているというか、本気で「そんなもんや」と思える。だからあまりカオスということばを使わなくなったと、今、自分自身で気づきました。あの場だけがカオスなのではなく、実は世の中はずっとカオスで複雑系で、あの場も現実も何ら変わりはない。カオス状態でも、あのルールのもとではあなたと私の権利を大事にする。自分の時間を保障されて安心できるとともに、相手の権利も理解する。時間も共有の財産であり、資源であることをちゃんとお互いに理解する。他者の時間を邪魔しちゃいけないのよっていうことを、カオスの中で学んでいく経験がきっとあるんだろうと思います。

それともう一つ、期せずして両先生方からルールの話が出ました。子どもたちは、自分の話を聞いてもらったその満足感から、互酬性の表れとして相手の話を聞こうという気持ちが生まれる。それに加えてもう一つ、例えば、今話をしようとした瞬間に、ぱっと誰かが先に話したとしても、今話せなくても、今じゃなくても、このまま待っていれば、次は絶対にみんなが自分の話を聞いてくれるというその場に対する信頼感もあるのかな、どうかな、と思いながらお聞きしていました。先ほど、「忙しい」ということばを出しましたけど、子どもたちは今しゃべらないと自分の話はいつ聞いてもらえるかわからないという環境にいると、家庭では「今お母さん暇そうにしてるから今しゃべっておこう！」となる。ところが今は聞いてくれなくてもこの人は、この場では必ず自分の事は聞いてくれるという関係性であれば、「まあ今でなくてもいいかな」と思えるし、子どもたちがそういう気持ちになってくれればいいかなと、今改めて思いました。

相手と自分があって初めて哲学する、考え続けられると思います。英語で言うとＩＮＧ形ですよね。知り続けるとか考え続けるとか、あと哲学するとか動詞形になる。それは相手がいないとできないし、答えを出しちゃうと終わるんですよね。答えを出さずに相手の意見を聞くから続けられる。だからずっと考え続けられるっていう点が哲学の面白いところなんでしょうね。「こどもの哲学教室」の最中、誰かの話を聞いて、遠慮せず「あ、自分はこう思う」と話して、またそれを聞いて刺激を受けたほかの子が「自分はこう思う」と、お互い刺激されて、子どもたちみんなことばを発するところをよく見るじゃないですか。「し続ける」ためには人の話を聞かないとできないから、ずっと続く。違うアイデアを受け止め続け、そして考え続けるっていうのが、それが意味なのか、大事なのか、面白いのかわからないですけどもね。

では最後に、若い先生たちを育てるためにどのような接し方がよいと思われますか。

谷　それは難しいなと思いました。「こどもの哲学教室」に関わってもうかれこれ六年目ですよね。最初は自分が話して子どもたちをリードしないといけないと思っていましたが、「こどもの哲学教室」の実践を通じて自分が子どもたちの意見を絶対否定しない、ジャッジしないというトレーニングをさせてもらった結果、最後まで話を聞くという意識が強くなりました。若い人たちに対しては、若い人たちの話を聞くとか、話の聞き方はまだもう少しトレーニングが必要だと思いますけど、かつては「これをこうしてこうするのがいいのよ」「こうするべきよ」といったふうに話していましたが、いまは「これについてどう思う?」「どういうふうにしたらいいと思う?」と、まずは投げかけています。相手が話しやすいような環境に持っていくことは自分が意識しておかないといけないな、というのがまず一つ。その相手の主体的な意見、考えをサポートしながら実現させてあげられるよう、実現に向かうためのアドバイスだったり準備を手伝ったりして、その人自身が主体的に考えたことが実現したときの達成感を感じられるようにすることが人材育成につながっていくのかなあと思います。そこにも三つのルールが必ずくっついてきていますね。相手の話を聞く、絶対ジャッジをしない、そしてもちろんその人自身を大事にするっていう気持ちをこちら側がきちんと持っていれば、必ず目の前の人はその人なりに一生懸命考えて発言したり行動したりできるようになるので、やはり根本的なところでこの三つのルールっていうのがそこでも生きてくるのかなと思います。

清水　谷先生のおっしゃるとおりだと思います。まず私が日々、常々気をつけているのは、対話です。朝職場に着いた先生が職員室を「おはようございます」とか「お疲れさまです」と言いながら通っていかれるんですけど、こちらからも「あれ、髪の毛切った?」

と声をかけると、そこから話が広がったりします。「こどもの哲学教室」のこともよく話をしますが、その際も三つのルールがもちろん基本になります。日常、若い先生が保育でいろいろ失敗することがあったりつまずくことがあったりしますが、そこで年長者がいかに寛容であるかということが大事だと思います。寛容とはすべて受け止めるということだと思います。もちろん自分もすべてを受け入れることにまだまだ葛藤はありますが、やはりそういう寛容な自分でいられたらと、常々思っています。

山田　ありがとうございました。私がお二人の話を聞いて面白いと感じたのは、ずっとknowingだということです。哲学してますね。

以下の話は、思い出したときに何度となく子どもたちにも伝えていることなんですけども、会議でも「こどもの哲学教室」でも意見を求められたりすると何か答えなくてはいけないですよね。私たちは、口からでたなにかしらの答えや発せられたことばだけがその人の意見だと思いがちですけども、「言わない」か「言う」、それに「今は私は言えません」という態度でも彼らは考えを示している。「言わない」「言えない」「言いたくない」等、いろいろその時の状況によって違うんでしょうけども、それも全部意見なのだと私は説明しています。

「○○くん、どう?」って聞いたときに応えられずに固まっている時、「そうか、今は言えないという気持ちが伝わりました」というふうに私は返すようにしています。大人になると公の場では何か言わないといけないという妙な気負いや義務感がありますけども、それがあるから新人さんはさらに「私言えないわ、こんな私だめだわ」ってなりかねないので、それをことばにするか態度で示すかは様々だと思うんですが、「今はちょっとわからない」と言うことが全然恥ずかしいことではなくて、「それが今のあなたの意見ですね。気持ちですね」と伝えられれば、「わからない」ということばは言っていいことばなんだ、ちゃんとした意見なのだと伝えられれば、経験値の少ない新人さんも少しは楽になるかもしれませんね。

清水百合さん

谷佳保里さん

執筆者一覧(あいうえお順)

ある保護者

泉　菜穂(いずみ　なお)

M

大谷　智光(おおたに　ちこう)

大家　雅代(おおや　まさよ)

元古　加奈子(げんこ　かなこ)

清水　あかね(しみず　あかね)

清水　百合(しみず　ゆり)

谷　佳保里(たに　かほり)

Telyra

橋本　久美子(はしもと　くみこ)

深瀬　朝美(ふかせ　ともみ)

福永　瞳月(ふくなが　みづき)

藤坂　美帆(ふじさか　みほ)

藤原　沙也花(ふじわら　さやか)

山口　晏奈(やまぐち　あんな)

山田　奈津美(やまだ　なつみ)

山中　彩夏(やまなか　あやか)

山本　実り(やまもと　みのり)

本書の内容、こどもの哲学教室の実施の詳細についてのお問合せ

お問合せ先　officecanaan81@gmail.com

へメールで連絡をお願いします。本書中に記載のある各事業所へのお問い合わせはご遠慮いただくようお願いします。

　また、こどもの哲学教室の具体的な実践方法についてご紹介するワークショップや研究会等を不定期に開催しています。それらについてのお問合せ、また参加申し込み等についても上記アドレスへご連絡ください。

ぶらんこあそび

大谷　智光（おおたに　ちこう）

1969年福島県いわき市出身。大阪市立大学大学院経営学研究科前期博士課程修了、修士（経営学）。証券会社勤務を経て起業、株式会社設立。2004年社会福祉法人照治福祉会入職。事務長、摂津峡認定こども園園長を経て2015年より理事長。2020年しまもと里山認定こども園園長兼務。日蓮宗寺院住職、社会福祉士、保育士。１女２男の父。すべての子どもの幸せと地球平和を願う。

山田　奈津美（やまだ　なつみ）

海外の研究者との共同研究の結果を活用しながら学習組織経営論や知識創造論を展開。まちづくり団体や自治体、医療、福祉、教育分野の非営利組織を対象として、レゴ® ブロック、演劇、コンタクトインプロビゼーション、子どもからおとなまでを対象とした哲学教室等、「仲介物」を活用したワークショップをデザインし、ひとの行動変容（学習）の研究と実践に携わる。
修士（都市政策）

【主な編著書等】
『中心市街地活性化三法改正とまちづくり』共著、学芸出版社、2006
『都市から地方へ　移住者・受入者のための移住・交流ハンドブック』共著、ぎょうせい、2010
「なぜ看護研修手法として『レゴ® ブロック』に着目したか」『看護のチカラ』2018 no.493　産労総合研究所
『こどもの哲学教室　実践編』アトリエクックー編著　※電子書籍（アマゾンパブリッシング、2022）

こどもの哲学教室　実践編

2024年５月21日　初版第１刷発行

編 著 者　大 谷 智 光
編 著 者　山田奈津美
発 行 者　中 田 典 昭
発 行 所　東京図書出版
発行発売　株式会社 リフレ出版
〒112-0001　東京都文京区白山 5-4-1-2F
電話 (03)6772-7906　FAX 0120-41-8080
印　　刷　株式会社 ブレイン

ISBN978-4-86641-714-1 C0037
Printed in Japan 2024